Em busca de Deus

Em busca
de Deus

A. W. Tozer

Em busca de Deus

—

Minha alma
anseia por ti

—

Vida

Editora Vida
Rua Conde de Sarzedas, 246 – Liberdade
CEP 01512-070 – São Paulo, SP
Tel.: 0 xx 11 2618 7000
Fax: 0 xx 11 2618 7030
www.editoravida.com.br

©2013, Bethany House Publishers
Publicado originalmente nos EUA com
o título *The Pursuit of God*.
Copyright da edição brasileira © 2017, Editora Vida.
Edição publicada com autorização contratual de
Bethany House, uma divisão de Baker Publishing
Group, Grand Rapids, Michigan, 49516, EUA.

∎

*Todos os direitos desta tradução em língua
portuguesa reservados por Editora Vida.*

PROIBIDA A REPRODUÇÃO POR QUAISQUER MEIOS,
SALVO EM BREVES CITAÇÕES, COM INDICAÇÃO DA FONTE.

Todos os grifos são do autor.

∎

Scripture quotations taken from Bíblia Sagrada,
Nova Versão Internacional, NVI®.
Copyright © 1993, 2000, 2011 Biblica Inc.
Used by permission.
All rights reserved worldwide.
Edição publicada por Editora Vida,
salvo indicação em contrário.

Editor responsável: Marcelo Smargiasse
Editor-assistente: Gisele Romão da Cruz
Tradução: Jurandy Bravo
Revisão de tradução: Andrea Filatro
Revisão de provas: Josemar de Souza Pinto
Diagramação: Claudia Fatel Lino
Capa: Arte Peniel

Todas as citações bíblicas e de terceiros foram
adaptadas segundo o Acordo Ortográfico da
Língua Portuguesa, assinado em 1990,
em vigor desde janeiro de 2009.

1. edição: jan. 2017
1ª reimp.: out. 2017
2ª reimp.: abr. 2019
3ª reimp.: nov. 2019
4ª reimp.: jul. 2020
5ª reimp.: out. 2020
6ª reimp.: mar. 2022

**Dados Internacionais de Catalogação na Publicação (CIP)
(Câmara Brasileira do Livro, SP, Brasil)**

Tozer, A. W.
  Em busca de Deus : minha alma anseia por ti / A. W. Tozer ; editado por
James L. Snyder ; [tradução Jurandy Bravo]. -- São Paulo : Editora Vida, 2016.

  Título original: The pursuit of God.
  ISBN 978-85-383-0348-0

  1. Deus (Espiritualidade) - Adoração e amor 2. Espiritualidade - Cristianismo
I. Snyder, James L. II. Título.

16-08546   CDD-248.4

Índices para catálogo sistemático:
1. Deus : Espiritualidade : Vida cristã   248.4

SUMÁRIO

∞

Introdução 7

Prefácio 17

CAPÍTULO 1
Seguindo Deus de perto 21

CAPÍTULO 2
A bênção de não ter nada 31

CAPÍTULO 3
Removendo o véu 41

CAPÍTULO 4
Compreendendo Deus 55

EM BUSCA DE DEUS

CAPÍTULO 5

A presença universal 65

CAPÍTULO 6

A voz eloquente 77

CAPÍTULO 7

O olhar fixo da alma 87

CAPÍTULO 8

Restaurando a relação Criador/criatura 99

CAPÍTULO 9

Mansidão e descanso 109

CAPÍTULO 10

O sacramento do viver 117

A vida de A. W. Tozer 129

INTRODUÇÃO

EU TINHA 15 ANOS QUANDO fui apresentado a *Em busca de Deus*. Uma missionária aposentada da nossa congregação se aproximou em um domingo e notei que ela segurava um livro.

"Meu rapaz", disse ela um tanto solene, "aqui está um livro que acho que você deveria ler".

A senhora enfiou o livro então nas minhas mãos e desapareceu. Olhei para o livro; era *Em busca de Deus*, escrito por um homem que eu ouvia o meu pastor citar com bastante frequência — o dr. A. W. Tozer.

É provável que a mulher tivesse me ouvido falar que gostava de ler. A parte que ela *não* escutara é que eu gostava de ler romances, não livros escritos por pregadores. A leitura da obra de um ministro falecido não fazia parte da lista das coisas que eu desejava fazer. Eu gostava de pregadores; apenas não considerava, na época, que tivessem grande relevância na minha vida. Na maior parte das vezes, eles falavam difícil demais quando pregavam. Ao menos, foi a desculpa que dei na ocasião. Mas levei o livro para casa e, para ser franco, esqueci-me de sua existência.

No domingo seguinte, a mesma missionária esperava por mim quando entrei na igreja.

"Você leu? Gostou?"

A princípio não entendi do que ela estava falando até que me lembrei: ela me dera um livro no domingo anterior. Fiz que não com a cabeça e lhe disse que na verdade não tivera tempo durante a semana, com a escola e tudo mais.

No domingo seguinte, a mesma cena se repetiu.

"E então, leu? Gostou?"

A minha resposta foi idêntica à da semana anterior. O mesmo aconteceu durante várias semanas, até que me ocorreu: se eu quisesse ter de enfrentar a missionária aposentada todos os domingos ao entrar na igreja, deixaria tudo como estava e fugiria do livro. Mas, se preferisse dar um basta naquilo, precisava ao menos ler o primeiro capítulo. Imaginei que isso a satisfaria e me permitiria seguir com a minha vida.

Assim, localizei *Em busca de Deus* e comecei a lê-lo. Foi o fim da minha vida como eu a conhecia. Fiquei impressionado com o que li. Até então, acreditara que qualquer livro escrito por um pregador seria teologicamente sofisticado demais e com excesso de jargão religioso para eu entender. No entanto, para o meu enorme deleite, o ensino de Tozer era simples e claro.

Introdução

Eis um homem que escrevia no *meu* nível e ensinava coisas sobre Deus de modo tal que eu compreendia o que ele queria dizer.

No domingo seguinte, a missionária aposentada postou-se à minha espera junto à porta da igreja. Quando me viu e percebeu o meu sorriso, entendeu tudo. Sabia que eu lera o livro, mas não só isso: sabia que o livro *me* lera.

Fiz então algo que mesmo hoje não faço nunca. Abracei-a e disse: "Obrigado pelo livro. Eu o li e amei". Ela sorriu e me contou que suas orações tinham sido respondidas. Depois disso, toda vez que eu a via na igreja, em geral de longe, ela acenava com a cabeça e sorria na minha direção.

Desde aquela época, li *Em busca de Deus* mais vezes do que sou capaz de me recordar. A descoberta deste livro iniciou em mim uma viagem com Deus que ainda hoje empreendo, e a leitura das obras de Tozer tornou-se um hábito para a vida inteira.

Depois do colegial, frequentei um pequeno instituto bíblico com o intuito de me preparar para o ministério. Um professor exigiu que escrevêssemos um ensaio biográfico sobre qualquer autor que tivesse influenciado poderosamente nossa vida até aquele momento. Para mim não havia o que questionar: era A. W. Tozer.

Ao escrever aquele ensaio, descobri que havia pouco material biográfico sobre Tozer. Existia um livro intitulado *A. W. Tozer: A Twentieth Century Prophet* [A. W. Tozer: um profeta do século XX], que trazia um perfil biográfico no primeiro capítulo; o restante continha citações do ministério e dos escritos do dr. Tozer.[1] No entanto, não havia nenhuma biografia oficial de Tozer.

---

[1] FANT JR., David J. **A. W. Tozer:** A Twentieth Century Prophet. Harrisburg, PA: Christian Publications, Inc., 1964.

EM BUSCA DE DEUS

Ao longo do meu ministério pastoral, sempre que encontrava alguém que sabia alguma coisa sobre o dr. Tozer, eu bombardeava essa pessoa com perguntas. Comecei a tomar notas, mas sem acalentar a ideia de escrever uma biografia. Afinal de contas, eu não era escritor na época, e escrever um livro é um empreendimento considerável. Eu só queria todo o material que conseguisse encontrar sobre o dr. Tozer para me informar; e, ao começar a colecioná-lo, meu arquivo foi se tornando deliciosamente maior.

Também comecei a colecionar sermões de Tozer em áudio. Montei uma biblioteca impressionante e ouvi esses sermões com regularidade, deleitando-me a cada vez.

Mais ou menos nessa época, conheci uma mulher que dedicara a vida a colecionar os sermões de Tozer. Alguns se encontravam em velhas fitas para gravador de rolo, de modo que, juntos, passamos todo esse material para o formato de fitas cassetes. Mais tarde, claro, precisavam ser transferidos para um formato digital.

No fim, eu amealhara cerca de 600 áudios de sermões do dr. Tozer. Era raro passar uma semana sem ouvir ao menos um deles.

Não demorou muito para eu começar a pensar em uma biografia, e passei a escrever ensaios biográficos. A primeira revista a comprar um artigo sobre A. W. Tozer foi o *Fundamentalist Journal* [Jornal Fundamentalista], fundado pelo falecido dr. Jerry Falwell. Várias outras também compraram matérias sobre a vida de Tozer. A revista *Alliance Life* [Vida em Aliança] publicou um dos meus artigos, chamando a atenção de um editor.

Logo esse editor entrou em contato comigo para dizer que achava haver mercado para uma biografia de A. W. Tozer.

Introdução

Claro, isso me empolgou muito e comecei a trabalhar com vontade no material que colecionara, dando-lhe forma para uma proposta de livro.

Durante as pesquisas da vida do dr. Tozer, conheci um de seus amigos, Paris Reidhead (1919-1992). Eu vivia a cerca de uma hora de onde ele morava, de modo que passei bastante tempo em seu escritório. Ele se tornou um amigo extraordinário e maravilhoso. Chegou a me substituir no púlpito quando precisei me ausentar. Mais tarde, fiquei sabendo que nunca fizera isso por ninguém.

Um dia, sentados em seu escritório — não lembro bem sobre o que discutíamos na ocasião —, vi-o parar um momento e um olhar distante tomar conta do seu rosto. Ele me fitou por longo tempo. Afinal, disse: "Irmão, se você quer mesmo compreender Tozer e avaliar a paixão que ele tinha por Deus, permita-me fazer uma sugestão. Leia os três livros definitivos de Tozer na ordem em que eles foram escritos".

Claro, ele estava se referindo a *Em busca de Deus*, *A conquista divina*[2] e *The Knowledge of the Holy* [O conhecimento do Santo]. Os três livros contêm 43 capítulos. Levei a sério a sugestão de Reidhead e me pus a ler um capítulo por dia até concluir todos os três livros, na ordem em que haviam sido originariamente escritos.

Reidhead alertara: "Não leia esses livros como quem lê um romance. Leia-os devagar, em atitude meditativa, e tente entrar no espírito em que foram escritos. E, como Tozer fazia, sempre busque a face de Deus durante a leitura".

---

[2] TOZER, A. W. **A conquista divina**. São Paulo: Mundo Cristão, 1987.

Ler esses três livros inteiros foi uma experiência incrível. Precisei ser disciplinado e me contentar com um capítulo por dia, de segunda a sexta-feira. Para um leitor compulsivo como eu, isso foi muito difícil, mas consegui vencer o desafio.

No final da leitura, sentia-me tão motivado que resolvi ler a coleção inteira outra vez. Ao iniciar a segunda leitura dos três livros, uma ideia me ocorreu: por que não ouvir um sermão em áudio antes de ler cada capítulo? Dessa forma, acreditava eu, seria possível compreender mais plenamente a mensagem que Tozer tentava transmitir.

Eu não sabia que estava dando início a uma tradição maravilhosa na minha vida devocional. Na segunda vez em que li todos os três livros e ouvi as mensagens de A. W. Tozer, comecei a compreendê-lo, como Reidhead previra, e a valorizar a direção que os livros seguiam.

Desde aquela época, tenho feito da leitura e da audição de Tozer uma disciplina espiritual na minha vida. De vez em quando, tiro uma semana ou um mês de descanso, mas logo fico ansioso para retornar ao estudo aprofundado da obra de Tozer. Lendo os livros, descobri que, não importa onde eu esteja no meu desenvolvimento como cristão, em suas páginas sempre haverá algo que me alimente e que seja relevante para a minha vida interior.

Na introdução de *Em busca de Deus*, Tozer escreve: "Este livro é uma tentativa modesta de auxiliar filhos famintos de Deus a encontrá-lo". Esse, creio eu, é o início da nossa jornada como crentes. Em *A conquista divina*, o dr. Tozer afirma: "Espero demonstrar que, para conhecermos o poder da mensagem cristã, a nossa natureza precisa ser invadida por um Objeto que está

Introdução

além dela; que Aquilo que é externo tem de se tornar interno; que a realidade objetiva que é Deus deve cruzar o limiar da nossa personalidade e fixar residência em seu interior".[3]

No terceiro livro dessa trilogia devocional, *The Knowledge of the Holy* [O conhecimento do Santo], Tozer explica: "A minha esperança é que este pequeno livro possa contribuir de alguma forma com a promoção da religião do amor pessoal entre nós; e, se acontecer de algumas se sentirem encorajadas por sua leitura a iniciar a prática da meditação reverente no ser de Deus, isso mais do que recompensará o trabalho exigido para usá-lo".[4]

COMO LER *EM BUSCA DE DEUS*

Tozer foi um admirador entusiasmado de François de Salignac de la Mothe-Fénelon, santo francês do século XVII cujos sermões eloquentes contribuíram enormemente para a formação espiritual de seus contemporâneos, e cuja generosidade muito fez para mitigar os sofrimentos causados pela Guerra da Sucessão Espanhola. Fénelon era um homem que conhecia Deus e nele vivia como um pássaro vive no ar. Providencialmente, era dotado da capacidade de liderar pessoas ao mesmo tipo de vida. Em Fénelon, não havia rasto da morbidez que caracterizou alguns homens e mulheres conhecidos como místicos.

Quando a Harper & Row relançou *Christian Counsel* [Conselho cristão], de Fénelon, com o título *Christian Perfection* [Perfeição cristã], Tozer ficou encantado. Escreveu um artigo sobre o assunto, instando os leitores da *Alliance*

---

[3] TOZER, A. W. **A conquista divina.** São Paulo: Mundo Cristão, 1987.
[4] TOZER, A. W. **Knowledge of the Holy.** New York, NY: Harper & Row, 1961.

EM BUSCA DE DEUS

Witness [Testemunha da Aliança] a garantirem uma cópia. "Acheguem-se [ao livro]", disse ele, "com o espírito ávido. Sem um desejo forte, nada trará grande bem. Estejam determinados a conhecer Deus. Leiam apenas depois de orarem e meditarem sobre a Palavra. O coração deve ser preparado para este livro; do contrário, será como outro qualquer e causará pouco efeito.

"Aproximem-se em atitude de devoção, em silenciosa e humilde expectativa. Se possível, isolem-se para lê-lo. A presença até do amigo mais caro com frequência distrai o coração e impede a plena concentração. Entreguem-se e consagrem-se antes de chegarem perto de Fénelon; ele começa onde outros acabam. Sejam sérios. Fénelon pressupõe seriedade por parte dos seus leitores. Se alguém se deixar infectar pela estranha noção de que a religião deve proporcionar diversão tanto quanto salvação, que passe batido por Fénelon.

"Este livro é para a pessoa que tem sede de Deus [...]. Nunca leiam mais de um capítulo por dia. Seria um equívoco avançar pelo livro às pressas. Ele foi feito para ser estudado, marcado, para ser um objeto de meditação, uma base para oração e um local a que sempre se retorna enquanto ele continua a ministrar para a alma."[5]

A admoestação de Tozer sobre a leitura de Fénelon pode ser transferida com facilidade para *Em busca de Deus*. Aceitar seu conselho levará o caro leitor longe na meditação deste livro.

---

[5] SNYDER, James L. **The Life of A. W. Tozer:** In Pursuit of God. Ventura, CA: Regal Books, 2009. p. 155-156.

Introdução

UM MENTOR ESPIRITUAL

No mundo tempestuoso do cristianismo em que vivemos hoje, Tozer se destaca como um mentor espiritual fiel e confiável. Temos uma necessidade drástica desses mentores, ainda que seja raro encontrá-los.

Tozer disse certa vez: "Nunca honre um homem senão depois que ele estiver morto. No último ano de sua vida, ele pode fazer coisas capazes de destruir por completo todo bem que realizou até então". Claro, ele falou isso em tom de ironia. Mas há certa verdade em suas palavras. Se uma pequena porcentagem for real, afirmo que Tozer se qualifica como mentor espiritual apto e valioso a ser respeitado.

Este ano faz cinquenta anos que A. W. Tozer se foi para estar com o Senhor. Apesar da partida do mensageiro, a mensagem ainda ecoa enfática e genuína. Uma das coisas mais incríveis de trabalhar com este material foi reafirmar quanto Tozer é relevante hoje. Às vezes tenho de parar e me lembrar de que o sermão baseado neste livro foi pregado na década de 1950. Como ele sabia o que se passaria cinquenta anos após a sua morte?

Sempre alguém me pergunta: "O que Tozer diria se vivesse hoje?". A minha resposta é simples: ele diria as mesmas coisas que disse ao longo de todo o seu ministério. Ele não se envolvia em modas passageiras, mas tratava das realidades eternas da verdade divina — e elas nunca mudam.

Em vários sentidos, a Igreja hoje é tão conturbada quanto Tozer previu. E a solução é a mesma que há cinquenta, cem ou mil anos, e assim por diante, até a igreja primitiva.

A solução para a igreja de hoje é simplesmente Jesus Cristo. Conhecê-lo na plenitude de sua glória foi a grande paixão de A.

EM BUSCA DE DEUS

W. Tozer. Se quisermos superar os problemas que enfrentamos nos dias atuais, devemos entrar na glória de Jesus e na essência de seu poder por meio do Espírito Santo.

A minha oração por esta edição clássica e definitiva de *Em busca de Deus* é que uma nova geração descubra sua mensagem e veja o livro lhes incendiar a paixão por Deus.

JAMES L. SNYDER

PREFÁCIO

⊗

Nesta hora de nada além de uma cegueira quase universal, surge um raio de esperança: no aprisco do cristianismo conservador, é possível encontrar cada vez mais pessoas cuja vida religiosa é marcada pela fome crescente de Deus. Ávidas por realidades espirituais, elas não se deixarão dissuadir por palavras, nem se contentarão com "interpretações" corretas da verdade. Estão sequiosas de Deus e não se darão por satisfeitas até que tenham bebido profundamente da fonte da água viva.

Esse é o único precursor real do avivamento que já fui capaz de detectar no horizonte religioso. Pode ser a nuvem do tamanho da mão de um homem pela qual alguns santos aqui e ali têm procurado. Pode resultar em uma ressurreição de vida

EM BUSCA DE DEUS

para muitas almas e uma retomada do encantamento radiante que deveria acompanhar a fé cristã, o encantamento que quase desapareceu da Igreja de Deus nos nossos dias.

Essa fome, no entanto, deve ser reconhecida pelos nossos líderes religiosos. O evangelicalismo (para mudar de figura) erigiu o altar e dividiu o sacrifício em partes, mas agora parece satisfeito em contar as pedras e reordenar os pedaços sem dar importância ao fato de não haver nem sinal de fogo sobre o topo do altaneiro Carmelo. Mas a Deus sejam dadas graças por haver quem se importe. Estamos falando sobre aqueles que, ao mesmo tempo que amam o altar e se deleitam no sacrifício, são incapazes, contudo, de se acomodar com a ausência constante de fogo. Desejam Deus acima de tudo. Têm sede de provar por si mesmos a "doçura pungente" do amor de Deus, a respeito de quem todos os santos profetas escreveram e muitos salmistas cantaram.

Não existe hoje falta de mestres na Bíblia para dispor de maneira correta os princípios das doutrinas de Cristo, mas muitos parecem satisfeitos em ensinar os fundamentos da fé ano após ano, estranhamente inconscientes de que não há em seu ministério nenhuma presença manifesta, menos ainda algo incomum em sua vida pessoal. Ministram o tempo todo para crentes que sentem dentro do peito um anseio não satisfeito pelo ensino que eles trazem.

É necessário falar em caridade, mas a carência nos nossos púlpitos é real. A frase terrível de Milton se aplica até hoje com a precisão da época em que foi escrita: "A ovelha faminta ergue os olhos e não é alimentada". É algo solene, não um pequeno escândalo no Reino, ver os filhos de Deus morrendo de fome

Prefácio

quando na verdade estão sentados à mesa do Pai. A verdade das palavras de Wesley está estabelecida diante dos nossos olhos: "A ortodoxia, ou opinião certa, é, na melhor das hipóteses, uma parte muito pequena da religião. Embora a disposição correta não consiga subsistir sem as opiniões certas, estas subsistem sem aquela. Pode haver uma opinião certa sobre Deus tanto sem amor quanto sem uma disposição correta para com ele. Satanás é uma prova disso".

Graças às nossas esplêndidas sociedades bíblicas e a outros agentes eficazes para a disseminação da Palavra, hoje muitos milhões de pessoas têm "opiniões certas", provavelmente mais do que nunca antes na história da Igreja. Contudo, eu me pergunto se já houve tempo em que a verdadeira adoração espiritual tivesse demonstrado um declínio mais acentuado. Para grandes porções da Igreja, a arte da adoração se perdeu por completo, e em seu lugar veio essa coisa estranha e diferente chamada de "programa". O termo foi emprestado dos palcos e aplicado com triste sabedoria ao tipo de culto público que agora se faz passar por adoração entre nós.

A exposição sadia da Bíblia é um imperativo na Igreja do Deus vivo. Sem ela, nenhuma igreja pode ser uma igreja do Novo Testamento no sentido estrito do termo. Contudo, a exposição pode ser conduzida de modo que acaba por privar os ouvintes de qualquer alimento espiritual verdadeiro. Pois não são meras palavras que nutrem a alma, mas o próprio Deus, e, a menos e até que os ouvintes encontrem Deus em uma experiência pessoal, não estarão melhores por terem ouvido a verdade. A Bíblia não é um fim em si mesma, mas um meio para levar os homens ao conhecimento íntimo e suficiente de Deus, a fim de

EM BUSCA DE DEUS

que possam entrar nele, deliciar-se em sua presença e saborear e conhecer a doçura interior do próprio Deus no âmago de seu coração.

Este livro é uma tentativa modesta de ajudar os filhos famintos a encontrarem Deus. Nada aqui é novo, exceto pelo fato de ser uma descoberta do meu coração das realidades espirituais mais deliciosas e maravilhosas para mim. Outros que me antecederam foram muito além nesses santos mistérios do que eu, mas, se o meu fogo não é tão grande, ao menos é real e talvez haja aqueles que consigam acender sua vela nessas chamas.

A. W. Tozer

Chicago, Illinois, 16 de junho de 1948

CAPÍTULO 1

SEGUINDO DEUS DE PERTO

A minha alma te segue de perto;
a tua destra me sustenta.

Salmos 63.8 (*Almeida Revista e Corrigida*)

A TEOLOGIA CRISTÃ ENSINA A doutrina da graça preveniente, ou seja, em breves palavras: antes que um homem possa buscar Deus, primeiro Deus deve ter buscado esse homem.

Antes que o pecador tenha uma ideia correta de Deus, deve ter ocorrido uma obra de esclarecimento em seu interior. Mesmo que imperfeita, é uma obra de verdade, a causa secreta de todo desejo, busca e oração que se seguirão.

Buscamos Deus porque, e só porque, primeiro ele pôs um anseio dentro de nós que nos estimula a essa busca.

EM BUSCA DE DEUS

"Ninguém pode vir a mim", disse nosso Senhor, "se o Pai, que me enviou, não o atrair" (Jo 6.44). E, justamente em razão dessa atração preveniente, Deus tira de nós todo vestígio de crédito pelo ato de nos achegarmos a ele. O impulso de buscá-lo se origina em Deus, mas o resultado desse impulso somos nós a segui-lo de perto. E o tempo todo em que o buscamos, já estamos em sua mão: esse buscar Deus se origina em Deus, mas o resultado desse impulso é nós o seguirmos firmemente; e todo o tempo em que o buscamos já estamos em sua mão: "a tua mão destra me sustenta".

Nessa "sustentação" divina e no "seguir de perto" humano não existe nenhuma contradição. Tudo vem de Deus, pois, como ensina Von Hügel, Deus é sempre anterior. Na prática, contudo (ou seja, onde a operação prévia de Deus se encontra com a resposta humana presente), o homem deve buscar Deus. Da nossa parte, deve haver uma reciprocidade positiva, para que essa atração secreta de Deus resulte na experiência identificável do divino. Na linguagem afetuosa do sentimento pessoal, isso é declarado no salmo 42: "Como a corça anseia por águas correntes, a minha alma anseia por ti, ó Deus. A minha alma tem sede de Deus, do Deus vivo. Quando poderei entrar para apresentar-me a Deus?" (v. 1,2). Isso é abismo chamando abismo (cf. v. 7), coisa que o coração que anseia compreenderá.

A doutrina da justificação pela fé — uma verdade bíblica e um alívio bendito do legalismo estéril e do esforço inútil — caiu nos nossos dias entre más companhias e tem sido interpretada por muitos de um modo tão estranho a ponto de barrar os homens do conhecimento de Deus. A operação inteira da conversão religiosa tem sido feita de maneira mecânica e sem vida.

Seguindo Deus de perto

A fé agora pode ser exercitada sem abalar a vida moral e sem constranger o ego adâmico. Cristo pode ser "aceito" sem que se crie nenhum amor especial por ele na alma de seu receptor. O ser humano é "salvo", mas não tem fome nem sede de Deus. Na verdade, ensinam-lhe especificamente dar-se por satisfeito e encorajam-no a se contentar com pouco.

O cientista moderno perdeu Deus em meio às maravilhas do seu mundo; nós, cristãos, corremos o risco real de perdê-lo em meio às maravilhas da sua Palavra. Quase nos esquecemos de que Deus é uma pessoa e, como tal, pode ser cultivado como se pode fazer com qualquer pessoa. É inerente à pessoalidade a capacidade de conhecer outras personalidades, mas o pleno conhecimento de uma personalidade por outra não se alcança em um encontro. Só depois de longo e amoroso intercâmbio mental é que as plenas possibilidades de ambas podem ser exploradas.

Todo intercâmbio social entre seres humanos é uma resposta de personalidade para personalidade, classificando-se de baixo para cima, do esbarrão mais casual entre dois homens até a comunhão mais plena e íntima de que a alma humana é capaz. A religião, desde que genuína, é em essência a resposta de personalidades criadas à personalidade criadora, Deus. "Esta é a vida eterna: que te conheçam, o único Deus verdadeiro, e a Jesus Cristo, a quem enviaste" (João 17.3).

Deus é uma pessoa, e no fundo de sua natureza poderosa ele pensa, deseja, sente, ama e sofre, como pode acontecer a qualquer outra pessoa. Ao se fazer nosso conhecido, ele se mantém no padrão familiar da pessoalidade. Deus se comunica conosco por meio das avenidas da nossa mente, da nossa vontade e das nossas emoções. O intercâmbio contínuo e desembaraçado de amor e pensamento entre Deus e a alma humana redimida é o coração pulsante da religião do Novo Testamento.

Conhecemos essa relação entre Deus e a alma na percepção pessoal consciente. Ela é pessoal: não nos chega pelo corpo de crentes, mas é conhecida pelos indivíduos e pelo corpo por meio dos indivíduos que o compõem. E é consciente: ou seja, não se mantém sob o limiar da consciência e ali trabalha sem o conhecimento da alma (como, por exemplo, alguns pensam ser o caso do batismo de criança), mas se insere no campo da percepção em que o ser humano pode "conhecê-la" como conhece qualquer outro fato da experiência.

Você e eu somos pouco (sem considerar os nossos pecados) o que Deus é muito. Feitos à sua imagem, temos em nós a capacidade de conhecê-lo. Nos nossos pecados só nos falta o poder. No momento em que o Espírito nos vivificou na regeneração, o nosso ser inteiro sente sua afinidade com Deus e salta em alegre reconhecimento. Assim é o nascimento espiritual sem o qual não podemos ver o Reino de Deus. Todavia, não se trata de um fim, mas de um início, pois aqui começa a busca gloriosa, a feliz exploração do coração das riquezas infinitas da divindade. Eis de onde partimos, digo eu, mas onde paramos ser humano nenhum ainda descobriu, pois não há, nas terríveis e misteriosas profundezas do Deus trino, nem limite nem fim.

> Oceano sem fim, quem pode te sondar?
> A tua própria eternidade te rodeia,
> Divina majestade!

Seguindo Deus de perto

Ter encontrado a Deus e ainda buscá-lo é o paradoxo do amor da alma, menosprezado por quem demonstra excesso de zelo religioso, porém se satisfaz fácil demais, justificado na experiência feliz pelos filhos do coração ardente. São Bernardo expôs esse paradoxo santo em uma quadra musical de instantânea compreensão por toda alma que adora:

> Provamos-te, ó pão vivo,
> E ansiamos por festejar-te ainda:
> Bebemos de ti, o manancial
> E tem sede a nossa alma de se encher de ti.

Aproxime-se dos homens e mulheres santos do passado, e você logo sentirá o calor do desejo por Deus. Eles prantearam por Deus, oraram e lutaram, e buscaram-no dia e noite, a tempo e fora de tempo, e quando o encontraram a descoberta foi mais doce pela longa busca. Moisés usou o fato de conhecer a Deus como argumento para conhecê-lo melhor: "Agora, pois, se tenho achado graça aos teus olhos, rogo-te que me faças saber o teu caminho, e conhecer-te-ei, para que ache graça aos teus olhos [...]" (Êxodo 33.13, *Almeida Revista e Corrigida*); e daí se arvorou para fazer pedido mais ousado: "[...] Rogo-te que me mostres a tua glória" (v. 18, *Almeida Revista e Corrigida*). Deus se agradou de fato com essa demonstração de ardor, e no dia seguinte convocou Moisés ao monte. Ali, em solene procissão, fez toda a sua glória passar diante do patriarca.

A vida de Davi era uma torrente de desejo espiritual, e seus salmos ressoam com o clamor dos que buscam e o grito jubiloso dos que encontram. Paulo confessou ser esse desejo ardente de

EM BUSCA DE DEUS

Cristo a mola mestra de sua vida. "Quero conhecer Cristo" (Filipenses 3.10) era o objetivo do seu coração, pelo qual sacrificou tudo. "Mais do que isso, considero tudo como perda, comparado com a suprema grandeza do conhecimento de Cristo Jesus, meu Senhor, por quem perdi todas as coisas. Eu as considero como esterco para poder ganhar Cristo" (v. 8).

Doce é a hinologia com seu anseio por Deus, o Deus que, embora o cantor continue buscando, ele sabe que já encontrou. "Seus passos eu vejo e perseguirei", cantavam os nossos pais há apenas uma geração, embora esse cântico não se faça mais ouvir na grande congregação. É trágico que, neste dia escuro, a nossa busca tenha sido realizada em nosso lugar por nossos mestres. Tudo é feito para girar em torno do ato inicial de "aceitar" Cristo (expressão que, por acaso, não se encontra na Bíblia), e não se espera depois disso que almejemos nenhuma outra revelação de Deus para a nossa alma. Fomos enredados nas espirais de uma lógica espúria que insiste que, se encontramos Deus, não precisamos mais buscá-lo. Isso é colocado diante de nós como a última palavra em ortodoxia, e se tem como certo que nenhum cristão instruído na Bíblia jamais creu diferente. Assim, todo o testemunho da Igreja que adora, busca, entoa hinos sobre o assunto é posto de lado de forma categórica. A teologia experiencial do coração de um exército grandioso de santos fragrantes é rejeitada em favor de uma interpretação presunçosa das Escrituras, o que com certeza soaria estranho para um Agostinho, um Rutherford ou um Brainerd.

No meio desse grande calafrio, há alguns, regozijo-me em reconhecer, que não se contentarão com a lógica rasa. Admitirão a força do argumento e se voltarão com lágrimas em busca

Seguindo Deus de perto

de lugar solitário para orar: "Ó Deus, mostra-me a tua glória". Querem provar, tocar com o coração, ver com os olhos interiores a maravilha que é Deus.

Quero encorajar deliberadamente esse poderoso anseio por Deus. Sua falta nos trouxe à atual posição inferior. A rigidez e a inexpressividade da nossa vida religiosa são o resultado da nossa falta de desejo santo. A complacência é um inimigo mortal de todo crescimento espiritual. O desejo aguçado deve estar presente, ou não haverá nenhuma manifestação de Cristo para seu povo. Ele aguarda ser almejado. É uma pena que, no que diz respeito a muitos de nós, ele espere muito, mas muito tempo mesmo, em vão.

Cada época tem características próprias. Neste momento, vivemos uma época de complexidade religiosa. A simplicidade que há em Cristo raras vezes se encontra entre nós. Em seu lugar, há programas, métodos, organizações e uma pilha de atividades a consumir o nosso tempo e a nossa atenção, sem jamais satisfazer o anseio do coração. A futilidade da nossa experiência interior, o vazio da nossa adoração e a imitação servil do mundo que caracterizam os nossos métodos promocionais testificam que nós, hoje, conhecemos Deus de maneira imperfeita, e sabemos quase nada a respeito da paz de Deus.

Se pretendemos encontrar Deus em meio a tanta aparência religiosa, temos primeiro de nos decidir a encontrá-lo, e então avançar no caminho da simplicidade. Hoje, como sempre, Deus se revela aos "bebês" e se esconde em densa escuridão dos sábios e prudentes. Temos de simplificar a nossa abordagem com relação a Deus. Precisamos nos restringir ao essencial (que descobriremos ser felizmente bem pouco). Precisamos deixar de lado todo esforço para impressionar e nos achegar a ele com

EM BUSCA DE DEUS

a sinceridade íntegra da infância. Se fizermos isso, Deus sem dúvida será rápido em responder.

Depois que a religião dá sua última palavra, há pouca coisa de que necessitamos além do próprio Deus. O mau hábito de buscar "Deus **e**" é eficaz em nos impedir de encontrá-lo em plena revelação. Nesse "e" reside a nossa grande aflição. Se o omitirmos, logo encontraremos Deus, e nele acharemos aquilo pelo que toda a vida temos ansiado em segredo.

Não precisamos temer que, buscando somente Deus, possamos estreitar a nossa vida ou restringir os impulsos do nosso coração em expansão. A verdade é o oposto. Podemos nos dar ao luxo de fazer de Deus o nosso tudo, de concentrar e de sacrificar o muito pelo único.

O autor anônimo do velho clássico *The Cloud of Unknowing* [A nuvem do não-saber] nos ensina a fazer isso. "Eleve o seu coração a Deus com uma leve comoção de amor; tenha-o como alvo, e a nenhum de seus bens. Além disso, procure não pensar em nada, a não ser no próprio Deus, de modo que não se fie no seu entendimento, tampouco na sua vontade, mas só no próprio Deus. Eis a obra da alma que mais o agrada."[6]

De novo, esse autor recomenda que pratiquemos na oração um despojamento ainda maior, até da nossa teologia. "Pois basta um intento despido de tudo em direção a Deus, sem outra causa que não ele mesmo". Todavia, por baixo de todo o seu pensamento, subjaz a base ampla da verdade do Novo Testamento, que explica que "ele mesmo" se refere ao "Deus que fez você, e o comprou, e graciosamente o chamou para a posição

[6] **A nuvem do não-saber**. Petrópolis, RJ: Vozes, 2013.

Seguindo Deus de perto

que você ocupa". O autor também é completamente a favor da simplicidade: se o objetivo for traduzir a religião "em uma só palavra que a descreva muito bem, o melhor é parar e escolher uma palavrinha de uma só sílaba: pois uma é melhor que duas, visto que, quanto mais curta, mais de acordo com a obra do Espírito. E essa palavra é Deus, ou ainda: amor".[7]

Quando o Senhor dividiu Canaã entre as tribos de Israel, Levi não recebeu uma parte da terra. Deus lhe disse apenas: "[...] eu sou a sua porção e a sua herança [...]" (Números 18.20), e com essas palavras Deus o tornou mais rico do que todos os seus irmãos, mais do que todos os reis e rajás que já viveram no mundo. Há um princípio espiritual aqui, um princípio ainda válido para cada sacerdote do Deus altíssimo.

O homem que tem Deus como seu tesouro, tem todas as coisas em uma. Muitos tesouros ordinários podem lhe ser negados ou, caso lhe seja permitido tê-los, desfrutá-los será algo tão amenizado que nunca serão necessários para sua felicidade. Ou se ele tiver de vê-los partir, um após o outro, dificilmente experimentará uma sensação de perda, pois de posse da fonte de todas as coisas ele tem em um só toda a satisfação, todo o prazer, todo o deleite. O que quer que porventura ele perca, na verdade não terá perdido nada, pois agora tem tudo em um, e o tem de modo puro, legítimo e para sempre.

Ó Deus, provei da tua bondade, e ela tanto me satisfez quanto me deixou sedento por mais. Tenho a dolorosa consciência da minha necessidade de mais graça. Envergonha-me a

---

[7] A palavra em inglês para "amor" é o monossílabo *love*. [N. do T.]

minha falta de desejo. Ó Deus trino, quero te querer; anseio ser cheio de anseio; tenho sede de sentir mais sede ainda. Mostra-me a tua glória, eu te suplico, para que assim eu possa vir a conhecer-te de fato. Em misericórdia começa uma nova obra de amor dentro de mim. Dize à minha alma: "[...] Levante-se, minha querida, minha bela, e venha comigo" (Cântico dos Cânticos 2.10). Concede-me então a graça de me levantar e te seguir para longe desta planície obscura em que ando vagando há tanto tempo. Em nome de Jesus. Amém.

CAPÍTULO 2

A BÊNÇÃO DE NÃO TER NADA

Bem-aventurados os pobres em
espírito, pois deles é o Reino dos céus.
Mateus 5.3

ANTES DE CRIAR O HOMEM sobre a terra, primeiro o Senhor Deus preparou sua chegada criando um mundo de coisas úteis e agradáveis para seu sustento e deleite. No relato da Criação em Gênesis, tudo isso é tratado como "coisas". Elas foram feitas para o proveito do homem, mas sempre se pretendeu que lhe fossem exteriores e subordinadas a ele. No fundo do coração do homem, havia um santuário onde somente Deus era digno de entrar. Em seu interior, havia Deus; fora dele, mil presentes com que Deus generosamente o fartara.

EM BUSCA DE DEUS

Mas o pecado introduziu complicações e converteu esses mesmos presentes de Deus em fonte potencial de ruína para a alma.

O nosso infortúnio começou quando Deus foi expulso de seu santuário central e as "coisas" receberam permissão para entrar. No íntimo do coração humano, elas assumiram o comando. Agora os seres humanos, por natureza, não têm paz alguma no coração, pois Deus não está mais entronizado nele. Ali, em penumbra moral, usurpadores obstinados e agressivos lutam entre si pela primazia sobre o trono.

Não se trata de simples metáfora, mas de uma análise acurada do nosso verdadeiro problema espiritual. Há no interior do coração humano uma rija raiz de vida decaída cuja natureza consiste em possuir, sempre possuir. Ela ambiciona "coisas" com paixão profunda e feroz. Os pronomes "meu" e "minha" parecem bastante inocentes quando impressos, mas seu uso constante e universal é significativo. Eles expressam a verdadeira natureza do velho homem adâmico melhor do que mil volumes de teologia seriam capazes de dar a conhecer. São sintomas verbais da nossa enfermidade profunda. As raízes do nosso coração se aprofundaram e se transformaram em coisas, e não ousamos arrancar nem uma radícula a fim de que não morramos. As coisas se tornaram necessárias para nós, um desdobramento que originariamente jamais se pretendeu. Os presentes de Deus agora ocupam o lugar de Deus, e todo o curso da natureza está transtornado por essa substituição monstruosa.

O nosso Senhor se referiu a essa tirania das coisas quando ensinou a seus discípulos: "[...] Se alguém quiser acompanhar-me, negue-se a si mesmo, tome a sua cruz e siga-me.

• 32 •

A bênção de não ter nada

Pois quem quiser salvar a sua vida, a perderá, mas quem perder a sua vida por minha causa, a encontrará" (Mateus 16.24,25).

Fragmentando essa verdade para melhor compreensão: seria de imaginar que há no interior de cada um de nós um inimigo que toleramos por nossa conta e risco. Jesus chamou-o de "vida" e "eu", ou, como diríamos nós, a vida em função do eu. Sua principal característica é a possessividade: as palavras "ganho" e "lucro" sugerem isso. Permitir que esse inimigo viva é perder tudo no final. Repudiá-lo e abrir mão de tudo por Cristo é não perder nada no fim das contas, mas preservar tudo para a vida eterna. E possivelmente também há uma sugestão aqui da única maneira eficaz de destruir esse inimigo: pela cruz. "[...] tome a sua cruz e siga-me" (Mateus 16.24).

O caminho para o conhecimento mais profundo de Deus passa pelos vales solitários da pobreza da alma e da abnegação de todas as coisas. Os bem-aventurados aos quais o Reino pertence são aqueles que repudiaram tudo o que é exterior e desenraizaram do próprio coração toda ideia de posse. São os "pobres em espírito" (v. Mateus 5.3). Eles alcançaram um estado interior comparável ao do mendigo comum das ruas de Jerusalém; é o que a palavra "pobre", da maneira que Cristo a empregou, quer dizer na verdade. Esses pobres benditos não são mais escravos da tirania das coisas. Quebraram o jugo do opressor, e fizeram--no pela rendição, não por meio da luta. Apesar de livres de todo senso de posse, ainda possuem todas as coisas. "[...] deles é o Reino dos céus".

Permita que eu o exorte a levar isso a sério. Não se deve entender como um ensinamento bíblico banal a ser estocado na mente com um conjunto inerte de outras doutrinas. Essa é a

• 33 •

EM BUSCA DE DEUS

marca na estrada de pastos mais verdes, um caminho esculpido nas encostas do monte de Deus. Não ousamos tentar evitá-lo se pretendemos seguir em frente na nossa busca santa. Precisamos subir um passo por vez. Se nos recusarmos a dar um passo, decretaremos o fim do nosso progresso.

Como de hábito, esse princípio de vida espiritual neotestamentário encontra sua melhor ilustração no Antigo Testamento. Na história de Abraão e Isaque, temos um retrato dramático da vida entregue, bem como um excelente comentário sobre a primeira bem-aventurança.

Abraão era velho quando Isaque nasceu. Velho o suficiente, na verdade, para ser seu avô. Imediatamente a criança se tornou o deleite e o ídolo de seu coração. A partir do momento em que ele se curvou pela primeira vez para tomar o corpo pequenino nos braços, meio desajeitado, passou a ser um escravo ávido do amor pelo próprio filho. Deus se deu ao trabalho de parar e comentar a força desse afeto. Não é difícil entender isso. O bebê representava tudo de mais sagrado para o coração do pai: as promessas de Deus, as alianças, as esperanças dos anos e o longo sonho messiânico. Observando-o crescer desde a primeira infância até a juventude, o coração do velho homem foi se enredando em uma trama cada vez mais entrelaçada com a vida do filho, até finalmente esse relacionamento beirar o arriscado. Foi então que Deus interveio para salvar tanto o pai quanto o filho das consequências de um amor impuro.

"Tome seu filho", disse Deus a Abraão, "seu único filho, Isaque, a quem você ama, e vá para a região de Moriá. Sacrifique-o ali como holocausto num dos montes que lhe indicarei" (Gênesis 22.2). O escritor sagrado nos poupa de um *close* da agonia

• 34 •

A bênção de não ter nada

daquela noite nas encostas próximas a Berseba, quando o homem de idade discutiu com seu Deus. Mas a imaginação respeitosa nos permite enxergar, reverentes, o corpo curvado e a luta solitária e convulsa sob as estrelas. É possível que nunca mais, até um maior do que Abraão lutar no jardim de Getsêmani, tamanha dor visitasse a alma humana. Se ao menos fosse concedido ao homem morrer naquela noite. Teria sido mil vezes mais fácil, pois ele estava velho agora, e morrer não teria sido grande provação para quem caminhara tão longe com Deus. De mais a mais, seria um último e doce prazer deixar a vista embaçada repousar sobre o vulto do filho vigoroso, que viveria para dar sequência à linhagem abraâmica e cumprir em si as promessas de Deus, feitas muito tempo antes em Ur dos caldeus.

Como fazê-lo assassinar o rapaz! Mesmo que obtivesse a anuência do próprio coração ferido e insurgente, como conciliar o gesto com a promessa "[...] será por meio de Isaque que a sua descendência há de ser considerada" (Gênesis 21.12)? Era a prova de fogo de Abraão, que não fracassou no crisol. Com as estrelas ainda brilhando como pontos brancos sobre a tenda em que Isaque se deitara para descansar, e muito antes que a aurora acinzentada começasse a iluminar o Oriente, o velho santo tomou sua decisão. Ofereceria o filho conforme a orientação de Deus e então confiaria no Senhor para ressuscitá-lo dos mortos. Essa, diz o autor de Hebreus, foi a solução que seu coração dolorido encontrou em algum momento da noite escura, pois ele se levantou "na manhã seguinte [...]" (Gênesis 21.14) para levar a cabo o plano. É lindo ver que, embora errasse em relação ao método divino, Abraão acertara ao sentir o segredo do grande coração do Senhor. E a solução se harmoniza bem com as Escrituras

EM BUSCA DE DEUS

neotestamentárias: "[...] quem perder [...] por minha causa [...] encontrará" (Mateus 16.25).

Deus deixou o homem aflito prosseguir com aquilo até o ponto de saber que não teria como voltar atrás, e então o proibiu de pôr a mão no menino. Ao patriarca abismado, ele na verdade diz: "Tudo bem, Abraão. Nunca foi a minha intenção que você de fato imolasse o rapaz. Só queria removê-lo do templo do seu coração para nele poder reinar inconteste. Queria corrigir a distorção existente no seu amor. Pode ficar com o menino agora, são e salvo. Pegue-o e volte para sua tenda. '[...] Agora sei que você teme a Deus, porque não me negou seu filho, o seu único filho' " (cf. Gênesis 22.12).

Então o céu se abriu e ouviu-se uma voz a lhe dizer: "[...] 'Juro por mim mesmo', declara o SENHOR, 'que, por ter feito o que fez, não me negando seu filho, o seu único filho, esteja certo de que o abençoarei e farei seus descendentes tão numerosos como as estrelas do céu e como a areia das praias do mar. Sua descendência conquistará as cidades dos que lhe forem inimigos e, por meio dela, todos os povos da terra serão abençoados, porque você me obedeceu' " (Gênesis 22.16-18).

O velho homem de Deus ergueu a cabeça para responder à voz e se manteve sobre o monte, forte, puro, digno — era um homem separado pelo Senhor para receber um tratamento especial, um amigo, alguém favorecido pelo Altíssimo. Era agora um homem inteiramente entregue, totalmente obediente, alguém que não possuía coisa alguma. Concentrara seu tudo na pessoa do filho querido, que justamente Deus intentava tirar. Deus poderia ter começado pelas bordas da vida de Abraão e ir trabalhando em direção ao centro; em vez disso, optou por

A bênção de não ter nada

abrir caminho depressa até seu coração e tomá-lo em um gesto abrupto de separação. Ao agir assim, praticou uma economia de recursos e tempo. Causou uma dor cruel, mas foi eficaz.

Eu disse que Abraão nada possuía. Contudo, não era rico esse pobre homem? Tudo o que ele possuíra antes ainda lhe pertencia para seu desfrute: ovelhas, camelos, gado e bens de toda sorte. Contava também com a esposa, os amigos e, melhor que tudo, o filho Isaque. Abraão tinha tudo, mas não possuía nada. Eis o segredo espiritual. Eis a doce teologia do coração que só pode ser aprendida na escola da renúncia. Os livros sobre teologia sistemática negligenciam esse fato, mas os sábios o compreenderão.

Após essa experiência amarga e abençoada, penso que as palavras "meu" e "minha" nunca mais tiveram o mesmo significado para Abraão. O sentido de posse que elas conotam desaparecera de seu coração. As coisas tinham sido lançadas fora para sempre. Agora lhe eram externas. Seu coração estava livre delas. O mundo dizia "Abraão é rico"; o velho patriarca, no entanto, apenas sorria. Não podia lhes explicar, mas sabia que não tinha nada, pois seus verdadeiros tesouros eram interiores e eternos.

Não pode existir dúvida de que o apego possessivo às coisas é um dos hábitos mais perniciosos da vida. Pelo fato de ser tão natural, raras vezes as pessoas o reconhecem pelo mal que é; todavia, suas consequências são trágicas.

Com frequência somos impedidos de entregar os nossos tesouros ao Senhor por medo, tendo em vista a segurança que eles parecem nos transmitir; isso é verdade acima de tudo quando esses tesouros são parentes e amigos amados. Mas não devemos acalentar tais temores. O nosso Senhor veio não para destruir,

EM BUSCA DE DEUS

mas salvar. Tudo o que lhe confiamos está seguro, e nada está de fato seguro se não lhe tiver sido confiado.

Os nossos dons e talentos também deveriam ser entregues a ele. Deveriam ser reconhecidos pelo que são — um empréstimo de Deus a nós —, e jamais considerados, em sentido algum, como algo que nos pertence. Não temos mais direito de reivindicar crédito por habilidades especiais do que por olhos azuis ou músculos fortes. "Pois quem torna você diferente de qualquer outra pessoa? O que você tem que não tenha recebido? [...]" (1Coríntios 4.7).

O cristão que é atento o suficiente para se conhecer, mesmo que ligeiramente, reconhecerá os sintomas da doença da posse e se angustiará ao encontrá-la no próprio coração. Se o anseio por Deus for forte o bastante em seu interior, ele desejará fazer alguma coisa acerca disso. Ora, o que poderia ser?

Antes de mais nada, ele deveria renunciar a toda defesa e não fazer nenhuma tentativa de se desculpar tanto aos próprios olhos quanto perante o Senhor. Quem se defende tem a si mesmo em sua defesa, e ninguém mais; compareça indefeso, no entanto, diante do Senhor, e você terá como seu defensor ninguém menos que o próprio Deus. Que o cristão cheio de dúvidas esmague sob seus pés cada artimanha esquiva do próprio coração enganoso e persevere no relacionamento franco e aberto com o Senhor.

Ele deveria então se lembrar de que esse é um assunto santo. Uma transação descuidada ou casual seria inadequada. Que ele se apresente diante de Deus com toda a determinação de ser ouvido. Que insista em que Deus o aceite por inteiro, que lhe retire coisas do coração e nele reine com poder. Pode ser que esse cristão necessite ser específico, dar nome a coisas e pessoas, uma a uma. Caso adote uma postura drástica o bastante, poderá

A bênção de não ter nada

encurtar o tempo de sua agonia de anos para minutos e adentrar a terra boa muito antes que seus irmãos mais lentos, que afagam seus sentimentos e insistem em ter cautela na relação com Deus.

Jamais nos esqueçamos de que uma verdade como essa não pode ser aprendida por memorização mecânica, como se aprendiam no passado os fatos da ciência física. Ela tem de ser vivenciada antes que possamos conhecê-la de verdade. Devemos vivê-la no nosso coração por meio das experiências desagradáveis e amargas de Abraão, se quisermos conhecer a bem-aventurança que as sucede. A antiga maldição não se dissipará sem dor; o velho avarento irredutível dentro de nós não se deitará nem morrerá em obediência a uma ordem nossa. Ele precisa ser arrancado do nosso coração como uma planta do solo; extraído com agonia e sangue como um dente da mandíbula. Precisa ser expelido da nossa alma com violência como Cristo expulsou os cambistas do templo. E teremos de nos preparar para resistirmos contra sua súplica piedosa, reconhecendo-a como fruto da autopiedade, um dos pecados mais repreensíveis do coração humano.

Se pretendemos de fato conhecer Deus em crescente intimidade, devemos seguir esse caminho da renúncia. E, se estamos resolutos na busca de Deus, cedo ou tarde ele nos conduzirá a esse teste. O teste de Abraão, na época, não foi por ele reconhecido como tal; todavia, tivesse ele seguido algum outro curso diferente do que tomou, a história inteira do Antigo Testamento seria diferente. Deus teria encontrado seu homem, sem dúvida, mas a perda para Abraão teria sido trágica além do que se pode descrever. Portanto, seremos levados um a um ao local do teste, e talvez jamais saibamos que lá estamos. Nesse lugar de teste, não haverá uma dezena de opções ao nosso dispor; será uma

EM BUSCA DE DEUS

única alternativa, mas todo o nosso futuro será condicionado pela escolha que fizermos.

Pai, quero te conhecer, mas o meu coração covarde teme abrir mão de seus brinquedos. Não consigo me separar deles sem sangrar por dentro, e não tento esconder de ti o terror da separação. Achego-me tremendo, mas me achego. Por favor, arranca do meu coração todas essas coisas que tenho acalentado há tanto tempo e que se tornaram parte do meu ser vivo, de modo que possas entrar e habitar ali sem concorrência. Então torna glorioso o assento dos teus pés. O meu coração não terá necessidade do sol para brilhar em seu interior, pois tu serás luz para ele, e noite não haverá ali. Em nome de Jesus. Amém.

CAPÍTULO 3

REMOVENDO O VÉU

> Portanto, irmãos, temos plena
> confiança para entrar no Lugar Santíssimo
> pelo sangue de Jesus.
> Hebreus 10.19

ENTRE OS FAMOSOS DITOS DOS pais da Igreja, nenhum é mais popular do que o de Agostinho: "Tu me formaste para ti mesmo, e o nosso coração se inquieta até encontrar descanso em ti".

O grande santo declara aqui, em poucas palavras, a origem e a história interior da raça humana. Deus nos fez para ele: eis a única explicação capaz de satisfazer o coração de um homem pensante, o que quer que possa lhe dizer sua racionalidade impetuosa. Em favor do homem que a educação deficiente

EM BUSCA DE DEUS

e o raciocínio perverso levassem a conclusão diversa, pouco poderia fazer qualquer cristão. Para tal homem, não tenho mensagem nenhuma. Dirijo o meu apelo àqueles previamente ensinados em segredo pela sabedoria de Deus; falo aos corações sedentos cujo anseio tem sido despertado pelo toque divino em seu interior, de tal modo que dispensam qualquer prova lógica. Seu coração inquieto fornece toda prova de que necessitam.

Deus nos formou para ele. O *Catecismo menor*, "acordado pela venerável assembleia dos divinos em Westminster", como diz a velha cartilha da Nova Inglaterra, propõe as antigas perguntas "o quê" e "por quê" e responde a elas em uma frase curta, difícil de ser equiparada por alguma obra não inspirada. "Pergunta: qual a principal finalidade do homem? Resposta: a principal finalidade do homem é glorificar a Deus e deleitar-se nele para sempre". Com isso concordam os 24 anciãos que se prostraram para adorar aquele que vive para sempre e sempre, dizendo: "Tu, Senhor e Deus nosso, és digno de receber a glória, a honra e o poder, porque criaste todas as coisas, e por tua vontade elas existem e foram criadas" (Apocalipse 4.11).

Deus nos formou para seu prazer, a fim de que nós, como ele, possamos desfrutar em divina comunhão da mais doce e misteriosa interação de personalidades afins. Ele pretendeu que o víssemos e com ele vivêssemos e do seu sorriso extraíssemos a nossa vida. No entanto, somos culpados da "feia rebeldia" de que Milton fala ao descrever a rebelião de Satanás e suas hostes.[8] Rompemos com Deus. Cessamos de obedecer-lhe ou

---

[8]   MILTON, John. **O paraíso perdido**. Belo Horizonte: Villa Rica Ed., 1994. [N. do T.]

Removendo o véu

amá-lo e, por culpa e medo, fugimos para o mais longe possível de sua presença.

Todavia, quem pode fugir da presença de Deus quando o céu e o céu dos céus não são capazes de contê-lo? Quando, como testifica a sabedoria de Salomão: "O espírito do Senhor enche o universo [...]" (Sabedoria de Salomão 1.7)? A onipresença do Senhor é uma coisa, é um fato solene necessário para sua perfeição; a presença manifesta é outra coisa, e dela nós fugimos, como Adão, para nos escondermos entre as árvores do jardim, ou como Pedro, para retrocedermos, clamando: "[...] Afasta-te de mim, Senhor, porque sou um homem pecador!" (Lucas 5.8).

Desse modo, a vida do homem sobre a terra é uma vida distante da presença de Deus, arrancada do "centro bem-aventurado" a que temos direito, e é o lugar apropriado da nossa habitação, o nosso primeiro estado que não mantivemos, a perda que é a causa do nosso incessante desassossego.

A obra inteira de Deus na redenção tem como objetivo desfazer os efeitos trágicos daquela feia revolta e devolver-nos outra vez ao relacionamento certo e eterno com ele. Isso exigiu que os nossos pecados fossem lançados fora de maneira satisfatória, que uma reconciliação plena fosse efetivada e que o caminho fosse aberto para retornarmos à comunhão consciente com Deus e de novo vivermos na sua presença, como antes. Então, por sua obra prévia no nosso interior ele nos estimula a voltar. Percebemos esse fato pela primeira vez quando o nosso coração inquieto experimenta um desejo ardente pela presença de Deus e pensamos: "Eu me porei a caminho e voltarei para meu pai [...]" (v. Lucas 15.18). Esse é o primeiro passo, como afirmou o sábio chinês Lao-tsé: "A jornada de mil milhas começa com um primeiro passo".

A jornada interior da alma desde as regiões inóspitas do pecado para a presença adorada de Deus é lindamente ilustrada pelo tabernáculo do Antigo Testamento. O pecador que retorna primeiro entrou no pátio exterior, onde ofereceu um sacrifício de sangue sobre o altar de bronze e lavou-se na bacia adjacente. Em seguida, através de um véu, passou para o Lugar Santo, onde nenhuma luz natural podia entrar, mas o castiçal de ouro que remetia a Jesus, a luz do mundo, lançava um brilho suave sobre tudo. Ali também estava o pão da proposição a representar Jesus, o pão da vida, e o altar do incenso, uma figura da oração incessante.

Embora o adorador tivesse desfrutado de tanta coisa, ainda não entrara na presença de Deus. Outro véu o separava do Lugar Santíssimo, onde, acima do propiciatório, habitava o próprio Deus em terrível e gloriosa manifestação. Enquanto o tabernáculo permanecesse armado, só o sumo sacerdote podia entrar ali, e isso apenas uma vez por ano, com o sangue que oferecia por seus pecados e pelos pecados do povo. Esse último foi o véu rasgado quando o Senhor entregou seu espírito sobre o Calvário, e o autor sagrado explica que essa laceração do véu abriu o caminho para cada adorador do mundo vir pelo novo e vivo caminho direto à presença divina.

Tudo no Novo Testamento concorda com a imagem do Antigo Testamento. Homens redimidos não precisam mais se deter aterrorizados antes de adentrar o Lugar Santíssimo. Deus deseja que entremos confiadamente em sua presença e nela vivamos. Essa deve ser para nós uma experiência consciente. É mais do que

Removendo o véu

uma doutrina a ser adotada; é uma vida a ser desfrutada a cada instante de cada dia.

A chama da presença de Deus era o coração pulsante da ordem levítica. Sem ela, todas as ordenações do tabernáculo não passavam de caracteres de uma língua desconhecida e não tinham nenhum significado para Israel ou para nós. O maior fato sobre o tabernáculo era que Jeová estava ali; uma presença aguardava no interior do véu. De igual modo, a presença de Deus é o fato central do cristianismo. No coração da mensagem cristã está Deus em pessoa esperando que seus filhos redimidos entrem no conhecimento consciente de sua presença. O tipo de cristianismo hoje em voga só conhece sua presença em teoria. Deixa de dar ênfase ao privilégio cristão da presente constatação. De acordo com seus ensinamentos, estamos na presença de Deus posicionalmente, e nada se diz sobre a necessidade de experimentarmos de fato essa presença. O anseio ardente que impulsionou homens como McCheyne está ausente por completo. E a presente geração de cristãos se mede por essa régua imperfeita. Um contentamento ignóbil toma o lugar do zelo abrasador. Nós nos satisfazemos descansando nas nossas posses legais e, na maior parte do tempo, incomoda-nos muito pouco a ausência de experiência pessoal.

Quem é esse no interior do véu que habita em manifestações flamejantes? Ninguém menos que o próprio Deus, "um só Deus, Pai todo-poderoso, criador do céu e da terra, de todas as coisas visíveis e invisíveis", e "um só Senhor, Jesus Cristo, Filho unigênito de Deus, nascido do Pai antes de todos os séculos: luz da luz, Deus verdadeiro de Deus verdadeiro, gerado, não criado, consubstancial ao Pai" e "no Espírito Santo, Senhor que dá a vida, que procede do Pai, e com o Pai e o Filho é adorado e glorificado".[9] Essa Trindade santa, no entanto, é um só Deus, posto que adoramos "um único Deus em Trindade, e a Trindade em unidade. Não confundindo as pessoas, nem dividindo a substância. Porque a pessoa do Pai é uma, a do Filho é outra, e a do Espírito Santo outra. Mas no Pai, no Filho e no Espírito Santo há uma mesma divindade, igual em glória e coeterna majestade".[10] Assim dizem parte dos antigos credos, e assim declara a Palavra inspirada.

Por trás do véu está Deus, o Deus atrás de quem o mundo, com estranha incoerência, tateia, buscando talvez encontrá-lo (v. Atos 17.27). Até certo ponto ele se revelou na natureza, porém de modo mais perfeito na encarnação; hoje aguarda para se mostrar em arrebatadora plenitude ao humilde de alma e puro de coração.

O mundo perece por falta de conhecimento de Deus, e a Igreja está faminta por desejar sua presença. A cura instantânea da maioria dos nossos males religiosos seria entrar na presença de Deus em uma experiência espiritual, tornando-nos repentinamente conscientes de que estamos em Deus e ele está em nós. Isso nos elevaria da nossa deplorável mesquinhez e ampliaria o nosso coração. Eliminaria as impurezas da nossa vida como insetos e fungos foram consumidos pelo fogo que habitava na sarça.

---

[9] *Credo Niceno-constantinopolitano*. Disponível em: <http://www.ecclesia.com.br/biblioteca/fe_crista_ortodoxa/o_credo_niceno_constantinopolitano.html>. Acesso em: 19 jul. 2016, 23:32:27. [N. do T.]

[10] *Credo de Atanásio*. Disponível em: <http://www.monergismo.com/textos/credos/credoatanasio.htm>. Acesso em: 19 jul. 2016, 23:44:33. [N. do T.]

Removendo o véu

Que grande mundo pelo qual vagar, que oceano no qual nadar encontramos nesse Deus e Pai do nosso Senhor Jesus Cristo. Ele é eterno, significando que antecede o tempo e dele independe por completo. O tempo começou nele e nele terminará. Deus não lhe paga nenhum tributo e por ele não sofre nenhuma variação. É imutável, o que significa que nunca mudou e jamais pode mudar em nenhuma medida, por menor que seja. Para mudar, Deus necessitaria passar de melhor para pior ou de pior para melhor. E ele não pode fazer nem uma coisa, nem outra, pois sendo perfeito não tem como se aperfeiçoar ainda, e, caso se tornasse menos perfeito, seria menos que Deus. É onisciente, o que significa que conhece, em um ato livre e natural, toda a matéria, todo o espírito, todas as relações, todos os eventos. Não tem passado e não tem futuro. Deus simplesmente é, e nenhum dos termos delimitadores e qualificadores usados para as criaturas se aplicam a ele. Amor, misericórdia e justiça lhe pertencem, e sua santidade é tão inefável que nenhuma comparação ou imagem ajudará para expressá-lo. Só o fogo pode dar uma concepção ainda que remota disso. No fogo, ele surgiu em meio à sarça ardente; na coluna de fogo, ele habitou ao longo de toda a jornada no deserto. O fogo que ardeu entre as asas do querubim no Santo Lugar foi chamado de *shekinah*, a presença, durante os anos de glória de Israel. E, quando o Antigo Testamento deu lugar ao Novo, ele se apresentou no Pentecoste como uma língua de fogo e pousou sobre cada discípulo.

Spinoza escreveu sobre o amor intelectual de Deus e incluiu certa medida de verdade; contudo, o amor mais elevado de Deus não é intelectual, mas espiritual. Deus é espírito, e só o espírito do homem é capaz de conhecê-lo de fato. No espírito profundo do homem deve arder o fogo, ou seu amor não é o verdadeiro amor de Deus. Os grandes do Reino têm sido aqueles que amaram a Deus mais do que os outros. Todos sabemos quem são e honramos a profundidade e sinceridade de sua devoção. Basta pararmos um instante, e seus nomes nos acorrem em tropel, exalando mirra, aloés e cássia de seus palácios de marfim.

Frederick Faber foi um desses cuja alma palpitava por Deus como a corça anseia por correntes de água, e a medida pela qual Deus se revelou a esse coração em busca incendiou a vida inteira desse bom homem com uma adoração ardente, comparável à do serafim diante do trono. Seu amor por Deus se estendia pelas três pessoas da Trindade igualmente, embora ele parecesse dedicar a cada uma delas um tipo especial de amor reservado só a ela. De Deus, o Pai, ele canta:

> Apenas sentar-me e pensar em Deus,
> Oh, que alegria é!
> Meditar, suspirar-lhe o nome;
> A terra não conhece êxtase maior.

> Pai de Jesus, recompensa do amor!
> Que glória será
> Prostrar-me diante do teu trono
> E te contemplar e contemplar!

O amor de Faber pela pessoa de Cristo era tão intenso que ameaçava consumi-lo; ardia em seu interior como uma doce e santa loucura, e fluía de seus lábios como ouro líquido. Em um

Removendo o véu

de seus sermões, ele disse: "Para onde quer que nos voltemos na Igreja de Deus, lá está Jesus. O início, o meio e o fim de tudo para nós. [...] Não há nada bom, nada santo, nada belo, nada alegre, que ele não seja para seus servos. Ninguém precisa ser pobre porque, se assim o desejar, pode ter Jesus por sua propriedade e bem. Ninguém precisa andar cabisbaixo, pois Jesus é a alegria do céu, e é seu prazer entrar em corações aflitos. É possível exagerarmos em muitas coisas; mas nunca poderemos exagerar na nossa dívida para com Jesus, ou na abundância compassiva do amor de Jesus por nós. Por toda a nossa vida, podemos falar de Jesus e, no entanto, jamais chegar ao fim das coisas doces que podem ser ditas a seu respeito. A eternidade não será longa o suficiente para aprendermos tudo o que ele é, ou para louvá-lo por tudo o que fez, mas afinal isso não importa; pois estaremos sempre com ele, e nada mais desejaremos". E, dirigindo-se ao Senhor, ele declarou:

> Amo-te tanto, não sei como
> Os meus arroubos controlar;
> O teu amor é como um fogo ardente
> Na minha alma.

O amor fervoroso de Faber abrangia também o Espírito Santo. Não só em sua teologia ele reconheceu a divindade e a total igualdade do Espírito com o Pai e o Filho, como o celebrou a todo momento em cânticos e orações. Pressionava literalmente a fronte no chão na impetuosa e ávida adoração da terceira pessoa da Trindade. Em um de seus grandes hinos ao Espírito Santo, ele resumiu do seguinte modo sua intensa devoção:

Ó Espírito, belo e temível!
O meu coração está prestes a se romper
De amor por toda a tua ternura
Por nós, pobres pecadores.

Arrisquei-me ao tédio da citação para poder demonstrar com um exemplo contundente o que segue: Deus é tão maravilhoso, tão total e completamente deleitável que consegue, sem mais nada além de si mesmo, satisfazer e fazer transbordar as necessidades mais profundas da nossa natureza completa, por misteriosa e profunda que ela seja. Tamanha adoração, como a que Faber conheceu (e ele é apenas um de um grande grupo que homem nenhum é capaz de numerar), nunca pode resultar do mero conhecimento doutrinário de Deus. Corações "prestes a se romper" de amor pela Trindade são aqueles que estiveram em sua presença e contemplaram de olhos abertos a majestade divina. Homens de coração assim, prestes a se romper, tinham uma característica desconhecida ou incompreendida por gente comum. Eles cultivavam o hábito de falar com autoridade espiritual. Tinham estado na presença de Deus e reportavam o que viram ali. Eram profetas, não escribas, pois os escribas nos contam o que leem, e os profetas, o que têm visto.

A distinção não é imaginária. Entre o escriba que lê e o profeta que vê existe uma diferença tão vasta quanto o mar. Estamos hoje infestados de escribas ortodoxos, mas onde se encontram os profetas? A voz severa do escriba soa sobre a doutrina do evangelho, mas a Igreja aguarda a voz branda do santo que penetrou o véu e contemplou com o olho interior a maravilha que é Deus. E, no entanto, viver a experiência sensível de entrar assim na presença santa é um privilégio disponível para todo filho de Deus.

Removendo o véu

Com o véu removido pela dilaceração da carne de Jesus, sem nada do lado de Deus para nos impedir de entrar, por que nos demoramos a fazê-lo? Por que consentimos em suportar todos os nossos dias do lado de fora do Lugar Santíssimo e jamais entrar, absolutamente, para olharmos para Deus? Ouvimos o noivo dizer: "[...] mostre-me seu rosto, deixe-me ouvir sua voz; pois a sua voz é suave e o seu rosto é lindo" (Cântico dos Cânticos 2.14). Sentimos que o chamado é para nós, mas ainda assim deixamos de nos aproximar, e os anos passam, envelhecemos e nos exaurimos nos pátios exteriores do tabernáculo. O que nos detém?

A resposta que costuma ser dada, de que simplesmente somos "frios", não elucidará todos os fatos. Existe algo mais sério que a frieza de coração, algo que pode estar por trás dessa frieza e ser a causa de sua existência. O que é, a não ser a presença de um véu no nosso coração? Um véu não retirado como aconteceu com o primeiro, mas que permanece no lugar ainda, bloqueando a luz e escondendo de nós a face de Deus. É o véu da nossa natureza carnal caída que ainda vive, ainda não julgada dentro de nós, não crucificada e não repudiada. É o véu de trama fechada da vida do eu que nunca reconhecemos de fato, de que nos envergonhamos em segredo, e que por essa razão nunca submetemos ao julgamento da cruz. Não é misterioso demais esse véu opaco, nem é difícil de identificar. Basta olharmos para o nosso próprio coração e o veremos, mal costurado, remendado, consertado que esteja, mas de qualquer forma presente, um inimigo das nossas vidas e um bloqueio eficaz do nosso progresso espiritual.

Esse véu não é uma coisa bonita, nem algo com que costumamos nos preocupar, mas me dirijo às almas sequiosas e determinadas a seguir Deus. Sei que não recuarão porque o

EM BUSCA DE DEUS

caminho as leva a atravessar colinas enegrecidas por algum tempo. O anseio por Deus dentro delas assegurará que mantenham a busca. Enfrentarão os fatos mais desagradáveis e suportarão a cruz pela alegria que têm pela frente. Portanto, ouso dar nome aos fios de que esse véu é tecido.

Sua trama é composta dos fios delicados da vida do eu, dos "autopecados" do espírito humano. Não têm que ver com o que fazemos, mas com o que somos, e nesse particular residem tanto sua sutileza quanto seu poder.

Para ser específico, eis o que chamo de "autopecado": a autopiedade, a autoconfiança, a autossuficiência, a autoadmiração, o autoamor, a autolisonja e uma hoste de outros tantos semelhantes. Habitam fundo demais no nosso interior e são demais uma parte da nossa natureza para que chamem a nossa atenção até que a luz de Deus incida sobre eles. As manifestações mais grosseiras de tais pecados, o egoísmo, o exibicionismo, a autopromoção, são estranhamente toleradas nos líderes cristãos, até mesmo no seio dos círculos de ortodoxia impecável. Estão de tal modo em evidência a ponto de, na verdade, para muita gente, serem identificados com o evangelho. Confio em não cometer uma observação cínica ao dizer que parecem nos dias de hoje um requisito para a popularidade em alguns setores da Igreja visível. A autopromoção sob o disfarce da promoção de Cristo é hoje tão comum que pouco chama a atenção.

Seria de supor que a instrução adequada nas doutrinas da corrupção humana e da necessidade de justificação só pela justiça de Cristo nos libertasse do poder dos "autopecados"; todavia, não funciona assim. O eu é capaz de viver sem ser repreendido até junto do altar. Ele consegue assistir à morte da

Removendo o véu

Vítima ensanguentada e não ser minimamente afetado pelo que vê. Pode lutar pela fé dos reformadores, pregar com eloquência o credo da salvação pela graça, e adquirir força por seus esforços. Para dizer toda a verdade, parece se alimentar da ortodoxia e se sentir mais à vontade em uma conferência bíblica do que em uma taverna. O nosso anseio por Deus consegue lhe proporcionar uma excelente condição sobre a qual proliferar e crescer.

O eu é o véu opaco que esconde a face de Deus de nós. Só pode ser removido na experiência espiritual, nunca por mera instrução. É o mesmo que tentar extrair a lepra do nosso sistema por meio de instrução. É preciso haver uma obra de destruição da parte de Deus antes que fiquemos livres. Temos de convidar a cruz a operar sua obra mortal no nosso interior. De levar os nossos "autopecados" à cruz para julgamento. Precisamos nos preparar para um ordálio de sofrimento em alguma medida, como aquele pelo qual nosso Salvador passou quando sofreu sob Pôncio Pilatos.

Não nos esqueçamos: ao falarmos no véu que se rasga, usamos uma figura de linguagem, e a ideia que ela transmite é poética, quase agradável; a verdade, no entanto, é que não há nada de agradável nisso. Na experiência humana, esse véu é feito de tecido espiritual vivo, composto pela matéria sensível e vibrante na qual consiste o nosso ser inteiro, e tocá-lo é tocar-nos onde sentimos dor. Arrancá-lo é ferir-nos, machucar-nos e fazer-nos sangrar. Dizer coisa diferente disso é pegar a cruz e convertê-la em cruz nenhuma, e a morte, em morte alguma. Nunca é divertido morrer. Rasgar a matéria cara e tenra de que a vida é feita nunca pode ser qualquer outra coisa, a não ser algo profundamente doloroso. No entanto, é o que a cruz fez a Jesus e é o que faria a todo homem para libertá-lo.

EM BUSCA DE DEUS

Acautelemo-nos de não improvisar com a nossa vida interior na esperança de rasgarmos nós mesmos o véu. É Deus quem deve fazer tudo por nós. A nossa parte é nos entregarmos e confiarmos. Precisamos confessar, nos entregar e repudiar a vida do eu, considerando-a então crucificada. Mas temos de ser cuidadosos para distinguir a "aceitação" indolente da verdadeira obra de Deus. Devemos insistir em que a obra seja realizada. Não ousemos nos dar por satisfeitos com uma doutrina organizada de autocrucificação. Isso é imitar Saul e poupar o melhor das ovelhas e do gado (v. 1Samuel 15.9).

Insista para que a obra seja realizada em toda verdade, e ela o será. A cruz é rústica e mortal, mas é eficaz. Não mantém sua vítima pendurada para sempre. Chega um momento em que sua obra se conclui, e a vítima agonizante morre. Depois disso, é a glória e o poder da ressurreição. A dor é esquecida em troca da alegria pelo fato de o véu ter sido rasgado e nós termos estabelecido uma experiência espiritual real na presença do Deus vivo.

Senhor, quão excelentes são os teus caminhos, e quão tortuosos e escuros são os caminhos humanos. Mostra-nos como morrer, a fim de que possamos ressuscitar para a novidade de vida. Rasga o véu da nossa vida do eu de alto a baixo, como rasgaste o véu do templo. Então nos aproximaremos em plena garantia de fé. Habitaremos contigo em experiência diária aqui sobre esta terra, de modo que possamos nos acostumar com a glória quando entrarmos no teu céu para ali habitar contigo. Em nome de Jesus. Amém.

CAPÍTULO 4

COMPREENDENDO DEUS

Provem e vejam [...].
Salmos 34.8

CANON HOLMES, DA ÍNDIA, FOI quem há mais de vinte e cinco anos chamou a atenção para o caráter dedutivo da fé do homem comum. Para a maior parte das pessoas, Deus é uma ilação, não uma realidade. Ele é uma dedução de evidências que as pessoas consideram adequada, mas permanece desconhecido para o indivíduo. "Ele deve existir", dizem, "portanto, cremos que existe". Outros nem vão tão longe; conhecem-no só de ouvir falar. Nunca se deram ao trabalho de examinar a questão por si mesmos, mas ouviram outras pessoas falando sobre ele e guardaram essa crença no fundo da mente, junto a várias bugigangas que

EM BUSCA DE DEUS

constituem sua crença geral. Para muitos outros, Deus não passa de um ideal, de mais um nome para a divindade, ou a beleza, ou a verdade; ou ele é a lei, ou a vida, ou o impulso criativo por trás do fenômeno da existência.

As ideias sobre Deus são muitas e variadas, mas quem as abraça tem uma coisa em comum: não conhece Deus por uma experiência pessoal. A possibilidade da intimidade com ele não lhes passou pela cabeça. Ao mesmo tempo que admitem sua existência, não pensam nele como passível de ser conhecido no sentido que conhecemos coisas ou pessoas.

Os cristãos, sem dúvida, vão além disso, ao menos em teoria. Seu credo exige que creiam na pessoalidade de Deus, e eles foram ensinados a orar: "Pai nosso que estás no céu". Ora, pessoalidade e paternidade carregam consigo a ideia da possibilidade do conhecimento pessoal. Afirmo que a ideia é admissível em teoria; entretanto, para milhões de cristãos, Deus não é mais real do que para os não cristãos. Eles passam pela vida tentando amar um ideal e ser fiéis a um simples princípio.

Contrastando com tanta imprecisão nebulosa, ergue-se a clara doutrina bíblica de que Deus pode ser conhecido em uma experiência pessoal. Uma personalidade amorosa domina a Bíblia, caminhando entre as árvores do jardim e exalando perfume sobre cada cenário. Há sempre presente uma pessoa viva falando, rogando, amando, trabalhando e manifestando-se quando e onde quer que haja em seu povo a receptividade necessária para recebê-lo.

A Bíblia supõe como um fato axiomático que os seres humanos possam conhecer Deus com pelo menos o mesmo grau de imediatismo com que conhecem qualquer outra pessoa ou coisa

Compreendendo Deus

que penetra no campo de sua experiência. Os mesmos termos empregados para expressar o conhecimento de Deus são utilizados para expressar o conhecimento da matéria física. "Provem e vejam como o SENHOR é bom [...]" (Salmos 34.8). "Todas as tuas vestes exalam aroma de mirra, aloés e cássia; nos palácios adornados de marfim ressoam [...]" (Salmos 45.8). "As minhas ovelhas ouvem a minha voz [...]" (João 10.27). "Bem-aventurados os puros de coração, pois verão a Deus" (Mateus 5.8). Estas são apenas quatro das incontáveis passagens desse tipo da Palavra de Deus. E, mais importante do que qualquer texto comprobatório, é que o sentido inteiro das Escrituras é na direção dessa crença.

O que tudo isso pode significar, a não ser que temos no nosso coração órgãos por meio dos quais podemos conhecer Deus tão certamente como conhecemos as coisas materiais por meio dos cinco sentidos com que estamos familiarizados? Apreendemos o mundo físico exercitando as faculdades que nos foram concedidas com esse propósito, e possuímos faculdades espirituais por meio das quais podemos conhecer Deus e o mundo espiritual se obedecermos ao estímulo do Espírito e começarmos a utilizá-los.

Que uma obra de salvação deva primeiro acontecer no coração é dado como certo aqui. As faculdades espirituais do homem impenitente ficam adormecidas em sua natureza, inutilizadas e mortas para todos os propósitos; foi esse o golpe que se abateu sobre nós por causa do pecado. Elas podem ser devolvidas à vida ativa outra vez pela operação do Espírito Santo na regeneração; esse é um dos benefícios imensuráveis que nos sobrevêm da obra expiatória de Cristo na cruz.

Quanto aos filhos resgatados de Deus, por que eles sabem tão pouco dessa comunhão consciente habitual com Deus que as Escrituras parecem oferecer? A resposta está na nossa descrença crônica. A fé habilita o funcionamento do nosso senso espiritual. Quando imperfeita, o resultado é a insensibilidade e o entorpecimento interiores em relação às coisas espirituais. Essa é a condição de enormes levas de cristãos hoje. Nenhuma prova se faz necessária para servir de apoio a essa declaração. Basta conversarmos com o primeiro cristão com que deparemos, ou entrarmos na primeira igreja que encontrarmos aberta, para conseguir toda prova de que necessitamos.

Existe um reino espiritual à nossa volta, encerrando-nos, circundando-nos, absolutamente dentro do alcance do nosso eu interior, à espera de que o reconheçamos. O próprio Deus está aqui no aguardo da nossa reação à sua presença. Esse mundo eterno ganhará vida para nós no instante em que começarmos a levar em conta sua realidade.

Acabo de usar duas expressões que requerem definição; ou, se impossível defini-las, devo ao menos deixar claro o que quero dizer quando as utilizo. São "levar em conta" e "realidade".

O que quero dizer com "realidade"? Refiro-me àquilo que tem existência à parte de qualquer ideia que qualquer mente possa ter a seu respeito, e que continuaria existindo se não houvesse mente nenhuma em parte alguma para entretê-lo em um pensamento. O que é real tem existência em si mesmo. Não depende do observador para ser validado.

Estou ciente daqueles que amam ridicularizar a ideia de realidade do homem comum. São os idealistas a engendrar provas intermináveis de que nada é real fora da mente. São os relativistas que gostam de demonstrar a inexistência de pontos fixos no Universo a partir dos quais possamos medir alguma coisa.

Compreendendo Deus

Sorriem condescendentes para nós do cume de sua intelectualidade altaneira e nos definem, para sua própria satisfação, pespegando em nós o vergonhoso termo "absolutistas". O cristão não se deixa abater por essa demonstração de desdém. É capaz de devolver o sorriso, pois sabe que absoluto só há um, e é Deus. Mas sabe também que o Absoluto fez este mundo usufruto do homem e, conquanto não haja nada determinado ou real no sentido final das palavras (aplicado a Deus), para cada propósito da vida humana temos permissão para agir como se houvesse. E todo ser humano age assim, exceto os mentalmente enfermos. Esses infelizes também têm problemas com a realidade, mas são coerentes; insistem em viver de acordo com suas ideias sobre as coisas. São sinceros, e é sua sinceridade que faz deles um problema social.

Os idealistas e os relativistas não são mentalmente enfermos. Provam sua sanidade vivendo a vida de acordo com as mesmas noções de realidade que em teoria repudiam, e contando justamente com os pontos fixos que provam não existir. Poderiam merecer muito mais respeito por suas ideias caso se dispusessem a viver de acordo com elas, mas têm o cuidado de não fazer isso. A complexidade de suas ideias se restringe ao cérebro, não à vida. Onde quer que a vida lhes toque, eles repudiam as próprias teorias e vivem como as outras pessoas.

O cristão é sincero demais para brincar com as ideias por si mesmas. Não tem prazer no mero engendramento de teias leves e delicadas pela pura exibição. Todas as suas crenças são práticas. Estão ajustadas à sua vida. Por elas, ele vive ou morre, permanece de pé ou cai por esse mundo e por todo o porvir. Do insincero se desvia.

EM BUSCA DE DEUS

A pessoa comum sincera sabe que o mundo é real. Encontra-o aqui quando desperta para a consciência, e sabe que não o trouxe à existência com seu pensamento. Estava à sua espera quando chegou, e sabe que, enquanto se prepara para deixar este cenário terreno, continuará aqui para lhe dar adeus no momento da partida. Pela profunda sabedoria da vida, é mais sábia do que mil pessoas que duvidam. Posta-se sobre a terra, sente o vento e a chuva no rosto e sabe que são reais. Vê o sol de dia e as estrelas à noite. Vê o raio impetuoso se desprender da escura nuvem carregada. Ouve o som da natureza e os gritos da alegria e da dor humanas. Sabe que são reais. Deita-se sobre a terra fria à noite e não tem medo algum de que se prove ilusória ou que o traia enquanto dorme. Pela manhã, a terra firme estará debaixo de seus pés, o céu azul acima dele e as pedras e as árvores a seu redor como quando fechou os olhos na noite anterior. Assim vive e se regozija em um mundo de realidade.

Com os cinco sentidos, ele se engaja neste mundo real. Ele apreende todas as coisas necessárias para sua existência física pelas faculdades com que foi equipado pelo Deus que o criou e assim o colocou no mundo.

Ora, pela nossa definição, também Deus é real. Ele é real no sentido absoluto e final de que nada mais o é. Toda outra realidade depende da dele. A grande realidade é Deus, o autor dessa realidade inferior e dependente que compõe a soma das coisas criadas, incluindo nós. Deus tem existência objetiva independente e à parte de quaisquer noções que possamos ter em relação a ele. O coração que adora não cria seu objeto. Encontra-o aqui, ao despertar da letargia moral na manhã da própria regeneração.

· 60 ·

Compreendendo Deus

Outra expressão que carece de esclarecimento é "levar em conta". Ela não significa visualizar ou imaginar. Imaginação não é fé. As duas não só são diferentes, como se colocam em incisiva oposição uma da outra. A imaginação projeta imagens irreais para fora da mente, às quais procura atribuir realidade. A fé não cria nada; apenas leva em conta o que já existe.

Deus e o mundo espiritual são reais. Podemos levá-los em conta com tanta confiança quanto levamos em conta o mundo ao redor com o qual estamos familiarizados. As coisas espirituais estão por aí (ou talvez devêssemos dizer "por aqui"), chamando a nossa atenção e desafiando a nossa confiança.

O problema é que estabelecemos hábitos de raciocínio ruins. Costumamos pensar no mundo visível como algo real e duvidar da realidade de qualquer outro. Não negamos a existência do mundo espiritual, mas duvidamos que seja real no sentido aceito da palavra.

O mundo dos sentidos se intromete na nossa atenção dia e noite, a vida inteira. Clamoroso, insistente e revelando-se a si mesmo. Não apela para a nossa fé; está aqui, tomando de assalto os nossos cinco sentidos, exigindo ser aceito como real e definitivo. Mas o pecado embaçou as lentes do nosso coração a ponto de não conseguirmos enxergar a outra realidade, a cidade de Deus, resplandecente à nossa volta. O mundo dos sentidos triunfa. O visível se torna inimigo do invisível; o temporal, do eterno. Eis a maldição herdada por todo membro da raça trágica de Adão.

Na raiz da vida cristã repousa a crença no invisível. O objeto da fé cristã é a realidade que não se vê.

O nosso pensamento não corrigido, influenciado pela cegueira do nosso coração natural e pela ubiquidade intrusiva das

EM BUSCA DE DEUS

coisas visíveis, tende a traçar um contraste entre o espiritual e o real; a verdade, porém, é que esse contraste não existe. A antítese está em outra parte: entre o real e o imaginário, entre o espiritual e o material, entre o temporal e o eterno; mas entre o espiritual e o real, jamais. O espiritual é real.

Se pretendemos subir à região de luz e poder que acena para nós abertamente ao longo das Escrituras da verdade, devemos quebrar o hábito maligno de ignorar o espiritual. Precisamos mudar o nosso interesse no visto pelo não visto. Pois a grande realidade que se não vê é Deus. "[...] quem dele se aproxima precisa crer que ele existe e que recompensa aqueles que o buscam" (Hebreus 11.6). Esse é o fundamento da vida de fé. A partir daí podemos alcançar alturas sem limites. "[...] Creiam em Deus", disse nosso senhor Jesus Cristo, "creiam também em mim" (João 14.1). Sem o primeiro não pode haver o segundo.

Se quisermos seguir Deus de verdade, temos de buscar ser de outro mundo. Digo isso sabendo bem que a expressão tem sido usada com desdém pelos filhos deste mundo e aplicada aos cristãos como um emblema de censura. Que seja. Cada pessoa precisa escolher seu mundo. Se nós que seguimos Cristo, com todos os fatos diante dos nossos olhos e sabedores do que nos espera, deliberadamente escolhemos o Reino de Deus como a nossa esfera de interesse, não vejo razão pela qual alguém deveria objetar. Se perdemos com isso, a perda é nossa; se ganhamos, não furtamos ninguém ao agir assim. O "outro mundo", objeto de escárnio deste mundo e matéria da canção zombeteira do bêbado, é o alvo por nós eleito com cuidado e o objeto do nosso anseio mais santo.

Temos, no entanto, de evitar o erro comum de empurrar o "outro mundo" para o futuro. Ele não é futuro, mas presente.

Compreendendo Deus

Paralelo ao nosso mundo físico habitual, as portas entre os dois mundos estão abertas. "Mas vocês chegaram", diz o autor de Hebreus (e o tempo verbal fala claramente da nossa posição no presente), "ao monte Sião, à Jerusalém celestial, à cidade do Deus vivo. Chegaram aos milhares de milhares de anjos em alegre reunião, à igreja dos primogênitos, cujos nomes estão escritos nos céus. Vocês chegaram a Deus, juiz de todos os homens, aos espíritos dos justos aperfeiçoados, a Jesus, mediador de uma nova aliança, e ao sangue aspergido, que fala melhor do que o sangue de Abel" (Hebreus 12.22-24). Tudo isso se contrapõe "[...] ao monte que se podia tocar [...]" e "[...] ao soar da trombeta e ao som de palavras [...]" (v. 18,19) que podiam ser ouvidos. Não podemos concluir com segurança que, como as realidades do monte Sinal eram apreendidas pelos sentidos, assim as realidades do monte Sião devem ser captadas pela alma? E isso não por meio de um truque qualquer da imaginação, mas na total realidade. A alma tem olhos para ver e ouvidos para ouvir. Estes podem estar fracos por causa do longo desuso, porém são vivificados pelo toque de Cristo, tornando-se capazes da visão mais aguçada e da audição mais sensível.

Ao começarmos a nos concentrar em Deus, as coisas do espírito tomarão forma diante dos nossos olhos interiores. A obediência à Palavra de Cristo produzirá uma revelação interior da divindade (João 14.21-23). Trará percepção aguçada, capacitando-nos a enxergar Deus exatamente como prometido aos puros de coração. Uma nova consciência de Deus tomará conta de nós e começaremos a saborear, a ouvir e a sentir por dentro o Deus que é a nossa vida e o nosso tudo. Será visto o brilho constante da luz que ilumina cada ser humano que vem ao mundo. Mais e

EM BUSCA DE DEUS

mais, à medida que as nossas faculdades se tornam mais agudas e certeiras, Deus se tornará para nós o grande tudo, e sua presença será a glória e maravilha da nossa vida.

Ó Deus, revigora todo poder dentro de mim, que eu possa compreender as coisas eternas. Abre os meus olhos para que eu possa ver; dá-me aguda percepção espiritual; capacita-me a provar-te e a saber que és bom. Torna o céu mais real para mim do que qualquer coisa terrena jamais foi. Amém.

CAPÍTULO 5

A PRESENÇA UNIVERSAL

Para onde poderia eu escapar do teu Espírito?
Para onde poderia fugir da tua presença?
Salmos 139.7

EM TODO ENSINO CRISTÃO ENCONTRAM-SE certas verdades básicas, escondidas às vezes, e mais presumidas do que asseveradas, mas necessárias a toda verdade, como as cores primárias são necessárias para compor o quadro concluído. Essa verdade é a imanência divina.

Deus habita em sua criação e está presente em toda parte, indivisível de suas obras. Isso é ensinado com ousadia por profeta e apóstolo e aceito pela teologia cristã geral. Ou seja,

EM BUSCA DE DEUS

aparece nos livros, mas por algum motivo não penetrou o coração cristão médio a ponto de passar a fazer parte do seu eu que crê. Os professores cristãos se esquivam de todas as implicações disso e, se chegam a mencioná-lo, suavizam-no a ponto de diminuir-lhe o significado. Eu imaginaria que a razão disso é o medo de ser acusado de panteísta, mas a doutrina da presença divina definitivamente não é panteísmo.

O erro do panteísmo é palpável demais para enganar seja quem for. É que Deus seria a soma de todas as coisas criadas. A Natureza e Deus são um; portanto, quem toca em uma folha ou em uma pedra, toca em Deus. Isso, claro, é degradar a glória da divindade incorruptível e, no esforço para considerar todas as coisas divinas, expulsa por completo toda divindade do mundo.

A verdade é que, conquanto Deus habite em seu mundo, está separado dele por um abismo para sempre intransponível. Por mais íntima que seja sua identificação com as obras de suas mãos, elas são, e devem ser, eternamente diferentes dele, que é e deve ser anterior a elas e delas independente. Deus é transcendente, está acima de todas as suas obras, ao mesmo tempo que é imanente a elas.

Ora, o que a imanência divina significa na experiência cristã direta? Simplesmente que Deus está aqui. Onde quer que nos encontremos, Deus está. Não há lugar, nem pode haver, em que ele não esteja. Dez milhões de seres inteligentes posicionados em tantos pontos no espaço e separados por distâncias incompreensíveis podem afirmar, um a um, com igual verdade, que Deus está lá. Nenhum ponto se encontra mais próximo de Deus do que qualquer outro ponto. Ele está exatamente tão perto de Deus, a partir de um lugar qualquer, quanto a partir de qualquer

· 66 ·

A presença universal

outro lugar. Em termos de mera distância, ninguém está mais longe ou mais perto de Deus do que qualquer outra pessoa.

São verdades cridas por todo cristão instruído. Permanecem para nelas meditarmos e com base nelas orarmos até que comecem a reluzir no nosso interior.

"No princípio Deus [...]" (Gênesis 1.1). Nada de matéria, pois a matéria não se auto-origina. Ela requer uma causa antecedente, e essa causa é Deus. Não a lei, pois a lei não passa de um nome para o curso que segue toda a criação. Esse curso precisava ser planejado, e o planejador é Deus. Não a mente, pois ela também é algo criado e deve ter um criador por trás. No princípio Deus, a causa sem causa da matéria, da mente e da lei. Esse deve ser nosso ponto de partida.

Adão pecou e, em seu pânico, tentou como um louco fazer o impossível: procurou se esconder da presença de Deus. Davi também deve ter tido ideias delirantes de tentar fugir da presença de Deus, pois escreveu: "Para onde poderia eu escapar do teu Espírito? Para onde poderia fugir da tua presença?" (Salmos 139.7). Então ele deu sequência a um dos mais belos salmos em celebração da glória da imanência divina. "Se eu subir aos céus, lá estás; se eu fizer a minha cama na sepultura, também lá estás. Se eu subir com as asas da alvorada e morar na extremidade do mar, mesmo ali a tua mão direita me guiará e me susterá." E ele sabia que Deus estar e ver são a mesma coisa, que a presença que tudo vê estivera com ele mesmo antes de seu nascimento, observando o mistério da vida se desdobrar. Salomão exclamou: "Mas será possível que Deus habite na terra? Os céus, mesmo os mais altos céus, não podem conter-te. Muito menos este templo que construí!" (1Reis 8.27). Paulo assegurou aos atenienses:

• 67 •

EM BUSCA DE DEUS

"[...] embora [Deus] não esteja longe de cada um de nós. 'Pois nele vivemos, nos movemos e existimos' [...]" (Atos 17.27,28).

Se Deus está presente em cada ponto do espaço, se não podemos ir aonde ele não está, se não conseguimos nem conceber um lugar em que ele não se encontre, por que então a presença de Deus não se tornou o único fato universalmente celebrado do mundo? O patriarca Jacó, "[...] numa região árida e de ventos uivantes [...]" (Deuteronômio 32.10), respondeu a essa indagação. Ele teve uma visão de Deus e clamou maravilhado: "[...] Sem dúvida o SENHOR está neste lugar, mas eu não sabia! [...]" (Gênesis 28.16). Jacó nunca estivera, nem por uma fração de segundo, fora dessa presença divina que a tudo permeia. Mas ele não sabia disso. Esse era o seu problema, e é o nosso também. As pessoas não sabem que Deus está aqui. Que diferença faria se soubessem.

A presença divina e a manifestação da presença divina não são a mesma coisa. Pode haver uma sem a outra. Deus se mantém presente quando estamos na mais absoluta inconsciência disso. Ele é manifesto apenas quando e enquanto temos consciência de sua presença. Da nossa parte, deve haver rendição ao Espírito de Deus, pois sua obra é nos mostrar o Pai e o Filho. Se cooperarmos com ele em terna obediência, Deus se manifestará a nós, e essa manifestação será a diferença entre uma vida cristã nominal e uma vida radiante da luz de seu rosto.

Sempre, em toda parte, Deus está presente, e sempre ele busca se revelar. Para cada um ele revela não apenas que é, mas também o que é. Não teve de ser persuadido para se revelar a Moisés. "Então o SENHOR desceu na nuvem, permaneceu ali com ele e proclamou o seu nome: o SENHOR" (Êxodo 34.5). Não só fez uma proclamação verbal da própria natureza, como revelou o

A presença universal

próprio eu a Moisés, de modo que a pele do rosto de Moisés brilhou com uma luz sobrenatural. Será um grande momento para alguns de nós quando começarmos a acreditar que a promessa de autorrevelação de Deus é literalmente verdadeira: que ele prometeu muito, mas não além do que pretende cumprir.

Somos bem-sucedidos ao buscar Deus só porque ele procura por toda a eternidade manifestar-se a nós. Sua manifestação a qualquer pessoa não se dá com Deus se aproximando de um lugar distante no tempo para uma breve e crucial visita à alma dessa pessoa. Considerá-la dessa maneira é não a compreender em absoluto. A abordagem de Deus para a alma ou da alma por Deus não deve ser considerada em termos espaciais. Não existe a ideia de distância física envolvida no conceito. Não se trata de uma questão de quilômetros, mas de experiência.

Falar em proximidade ou distanciamento de Deus é usar a linguagem no sentido sempre compreendido quando aplicado aos nossos relacionamentos humanos habituais. Um homem pode dizer: "Sinto que o meu filho se aproxima de mim à medida que fica mais velho". Todavia, esse filho vive ao lado do pai desde que nasceu e nunca ficou longe de casa mais de um dia ou coisa parecida. O que então o pai quer dizer com isso? É evidente que fala sobre a experiência. Quer dizer que o menino está aprendendo a conhecê-lo em maior intimidade e com entendimento mais profundo, que as barreiras de pensamento e sentimento entre os dois estão desaparecendo, que pai e filho estão se unindo de maneira mais íntima em mente e coração.

Portanto, quando cantamos "Mais perto, perto, da tua cruz", não estamos pensando em proximidade no espaço, mas em proximidade de relacionamento. É por graus crescentes de consciência

· 69 ·

EM BUSCA DE DEUS

que oramos, por uma conscientização mais perfeita da presença divina. Nunca precisamos gritar de um lado a outro do espaço por um Deus ausente. Ele se encontra mais perto do que a nossa própria alma, do que os nossos pensamentos mais secretos.

Por que algumas pessoas "encontram" Deus de um modo que não acontece com as outras? Por que Deus manifesta sua presença a alguns e deixa multidões continuar lutando na meia-luz da experiência cristã imperfeita? Claro que a vontade de Deus é igual para todos. Ele não tem favoritos em sua família. Tudo o que fez por qualquer um de seus filhos fará por todos eles. A diferença está não em Deus, mas em nós.

Pegue ao acaso um grupo de 20 grandes santos cuja vida e cujo testemunho sejam amplamente conhecidos. Escolha personagens bíblicas ou cristãs bastante conhecidas de tempos pós-bíblicos. Você ficará chocado na mesma hora com o fato de que esses santos não eram todos iguais. Às vezes a diferença chega a ser gritante. Como eram diferentes, por exemplo, Moisés e Isaías, e Elias e Davi; como eram desiguais entre si João e Paulo, São Francisco e Lutero, Finney e Thomas à Kempis. As diferenças são tão vastas quanto a vida humana: diferenças de raça, nacionalidade, educação, temperamento, hábito e características pessoais. Contudo, todos percorreram, cada qual em sua época, um caminho elevado de vida espiritual muito acima do comum.

Suas diferenças devem ter sido incidentais e, aos olhos de Deus, sem nenhuma importância. Alguma qualidade vital eles deviam ter que os tornava semelhantes. Qual seria?

Arrisco-me a sugerir que a única qualidade vital que tinham em comum era a receptividade espiritual. Havia neles alguma coisa aberta para o céu, algo que os impulsionava na direção de Deus.

A presença universal

Sem tentar nada parecido com uma análise profunda, direi apenas que tinham consciência espiritual e que prosseguiram para cultivá-la até que esta se tornou a maior coisa em sua vida. Diferiam do ser humano comum no sentido de que, quando experimentaram o anseio interior, fizeram algo a respeito. Adquiriram para a vida toda o hábito da reação espiritual. Não foram desobedientes à visão celestial. Como Davi diz muito bem: "Quando tu disseste: Buscai o meu rosto; o meu coração te disse a ti: O teu rosto, Senhor, buscarei" (Salmos 27.8, *Almeida Revista e Corrigida*).

Como acontece com tudo o que é bom na vida humana, por trás dessa receptividade está Deus. A soberania de Deus se faz presente aqui, e é sentida mesmo por aqueles que não têm dado teologicamente nenhuma ênfase particular a ela. O piedoso Michelangelo confessou em um soneto:

> O meu coração desassistido é barro estéril
> Que de seu eu nativo nada pode alimentar:
> De obras boas e piedosas tu és a semente,
> Que ganha vida só onde tu dizes que ela pode:
> A menos que nos mostre o teu caminho verdadeiro,
> Homem algum pode encontrá-lo: Pai! Tens de conduzi-lo.

Essas palavras recompensarão o estudo como o testemunho profundo e sério de um grande cristão.

Por importante que seja reconhecermos Deus operando em nós, ainda assim eu advertiria contra uma preocupação exagerada com essa ideia. É um caminho certeiro para a passividade estéril. Deus não nos responsabilizará pela compreensão dos mistérios da eleição, da predestinação e da sabedoria divina.

EM BUSCA DE DEUS

A melhor e mais segura maneira de lidar com essas verdades é erguermos os olhos para Deus e dizermos com a mais profunda reverência: "Ó Senhor, tu o sabes". Essas coisas pertencem às profundidades imensas e misteriosas da onisciência de Deus. Esquadrinhá-las pode formar teólogos, mas nunca fará santos.

A receptividade não é algo único; antes, ela é composta, uma combinação de vários elementos no interior da alma. É uma "afinidade por", uma "tendência para", uma resposta solidária, um desejo de ter. Disso é possível inferir que a receptividade pode estar presente em medidas, que podemos ter pouca ou muita, ou mais ou menos, dependendo do indivíduo. Pode ser aumentada pelo exercício ou destruída pela negligência. Não se trata de uma força soberana e irresistível que vem sobre nós como um ataque repentino do alto. É um dom de Deus, de fato, mas um dom capaz de ser reconhecido e cultivado como qualquer outro dom, caso se pretenda perceber o propósito pelo qual foi concedido.

O fracasso em ver isso é a causa de um colapso muito sério entre os evangélicos modernos. A ideia de cultivo e exercício, tão cara aos santos dos tempos antigos, hoje não encontra lugar no nosso quadro religioso geral. São práticas lentas demais, comuns demais. Hoje exigimos *glamour* e ação dramática de fluxo rápido. Uma geração de cristãos criada apertando botões e no meio de máquinas automáticas é impaciente com métodos mais demorados e menos diretos para alcançar seus objetivos. Temos tentado aplicar métodos da era das máquinas à nossa relação com Deus. Lemos o nosso capítulo, fazemos o nosso rápido devocional e saímos correndo, na esperança de compensar a nossa profunda bancarrota interna frequentando mais uma reunião de igreja ou

A presença universal

ouvindo mais uma história emocionante contada por um aventureiro religioso que acaba de voltar de longe.

Os resultados trágicos desse espírito estão à nossa volta. Vidas rasas, filosofias religiosas ocas, a preponderância do divertimento nas reuniões em torno do evangelho, a glorificação dos seres humanos, a confiança em exterioridades religiosas, em uma comunhão menos que religiosa, em métodos de vendas, a confusão da personalidade dinâmica com o poder do Espírito: esses e outros similares são os sintomas de uma terrível moléstia, de um mal profundo e grave da alma.

Por essa grande enfermidade que está sobre nós, ninguém é responsável e nenhum cristão está completamente livre de culpa. Todos temos contribuído, direta ou indiretamente, com esse triste estado de coisas. Temos estado cegos demais para enxergar, ou sido tímidos demais para soltar a voz, ou presunçosos demais para desejar algo melhor do que a dieta mediana com que outros parecem se satisfazer. Em outras palavras, aceitamos as ideias uns dos outros, copiamos a vida uns dos outros e fazemos das experiências uns dos outros o modelo para as nossas. E, ao longo de uma geração, o sentido tem sido para baixo. Alcançamos agora uma depressão do terreno cheia de areia e capim queimado. Pior que tudo, temos feito a Palavra da Verdade se conformar à nossa experiência e temos aceitado essa depressão como o campo de pastagem dos bem-aventurados.

Exigirá um coração determinado e mais do que um pouco de coragem libertar-nos do domínio do nosso tempo e voltar aos caminhos bíblicos. Mas isso pode ser feito. De vez em quando, no passado, os cristãos conseguiram fazê-lo. A História tem registrado vários regressos em grande escala conduzidos por

EM BUSCA DE DEUS

homens como São Francisco, Martinho Lutero e George Fox. Para o nosso infortúnio, parece não haver nenhum Lutero ou Fox no horizonte presente. Se outro regresso desses pode ou não ser esperado antes da vinda de Cristo, é uma questão sobre a qual os cristãos não estão de pleno acordo, mas isso não tem importância grande demais para nós agora.

O que Deus em sua soberania ainda pode fazer, em escala mundial, não sustento saber, mas o que ele fará para o homem ou a mulher comum que busca seu rosto creio que sei sim e posso contar aos outros. Que uma pessoa qualquer se volte para Deus em sinceridade, que comece a se exercitar em piedade, que procure desenvolver seus poderes de receptividade espiritual pela confiança e obediência e submissão, e os resultados excederão qualquer coisa que tal pessoa possa ter esperado em seus dias de aprendiz e de maior fragilidade.

Qualquer um que pelo arrependimento e pelo retorno sincero a Deus se solte do molde em que tem sido mantido, e recorra à própria Bíblia em busca de seus padrões espirituais, ficará deliciado com o que encontrará.

Digamos uma vez mais: a presença universal é um fato. Deus está aqui. O Universo inteiro vive com a vida de Deus. E não se trata de um Deus estranho ou estrangeiro, mas do conhecido Pai de nosso Senhor Jesus Cristo, cujo amor tem envolvido a humanidade pecadora ao longo desses milhares de anos. E o tempo todo ele tenta chamar a nossa atenção para se revelar a nós, para se comunicar conosco. Temos dentro de nós a habilidade para conhecê-lo; basta que respondamos à sua oferta. (E a isso chamamos de buscar Deus!) Nós o conheceremos cada vez mais à medida que a nossa receptividade se aperfeiçoa pela fé, pelo amor e pela prática.

A presença universal

Ó Deus e Pai, arrependo-me do pecado de me preocupar com coisas invisíveis. O mundo tem sido demais para mim. Tu tens estado aqui e eu não o sabia. Tenho estado cego para a presença. Abre os meus olhos para que eu possa te contemplar em mim e à minha volta. Por Cristo. Amém.

CAPÍTULO 6

A VOZ ELOQUENTE

No princípio era o Verbo,
e o Verbo estava com Deus,
e o Verbo era Deus.
JOÃO 1.1 (*Almeida Revista e Corrigida*)

UMA PESSOA COMUM, INTELIGENTE, IGNORANTE das verdades do cristianismo, ao deparar com este texto, provavelmente concluiria que João quis ensinar que falar, transmitir seus pensamentos aos outros, faz parte da natureza de Deus. E estaria certa. O verbo é um meio pelo qual pensamentos são expressos, e a aplicação desse termo ao Filho eterno nos leva a acreditar que a autoexpressão é inerente à divindade, que Deus está eternamente em busca de se comunicar com sua criação. A Bíblia

EM BUSCA DE DEUS

embasa a ideia. Deus está falando. Não Deus falou, mas Deus está falando. Ele é sempre articulado por natureza. Enche o mundo com sua voz eloquente.

Uma das grandes realidades com que temos de lidar é a voz de Deus em sua Palavra. A cosmogonia mais breve e satisfatória apenas é esta: "Pois ele falou, e tudo se fez [...]" (Salmos 33.9). A razão da lei natural é a voz viva de Deus imanente em sua criação. E essa palavra divina que trouxe à existência todos os mundos não pode ser compreendida como uma referência à Bíblia, pois não se trata, em absoluto, de uma palavra escrita ou impressa, mas da expressão da vontade de Deus proferida para o interior da estrutura de todas as coisas. Essa palavra é o sopro de Deus enchendo o mundo com viva potencialidade. A voz de Deus é a força mais poderosa da natureza; na realidade, é a única força da natureza, pois toda a energia está aqui apenas porque a Palavra repleta de poder está sendo proferida.

A Bíblia é a Palavra escrita de Deus, e por ser escrita, está confinada e limitada pelas necessidades da tinta, do papel e do couro. A voz de Deus, no entanto, é tão viva e livre como o Deus soberano. "[...] As palavras que eu disse são espírito e vida" (João 6.63). A vida está nas palavras proferidas. A palavra de Deus na Bíblia apenas tem poder porque corresponde à palavra de Deus no Universo. É a voz presente que torna a Palavra escrita todo-poderosa. Do contrário, ela permaneceria trancafiada, adormecida entre as capas de um livro.

Adotamos uma visão pequena e primitiva das coisas quando concebemos Deus na criação entrando em contato físico com as coisas, moldando, encaixando e construindo como um carpinteiro. A Bíblia ensina diferente: "Mediante a palavra do

A voz eloquente

SENHOR foram feitos os céus, e os corpos celestes, pelo sopro de sua boca. [...] Pois ele falou, e tudo se fez; ele ordenou, e tudo surgiu" (Salmos 33.6,9). "Pela fé entendemos que o universo foi formado pela palavra de Deus [...]" (Hebreus 11.3). De novo, devemos nos lembrar de que Deus está se referindo aqui não à sua Palavra escrita, mas à sua voz eloquente. A referência é à sua voz que enche o mundo, a voz que precede a Bíblia em incontáveis séculos, a voz que não silencia desde a aurora da Criação, mas que ainda soa em toda a extensão, por longínqua que seja, do Universo.

A Palavra de Deus é rápida e poderosa. No princípio ele falou para o nada, que se tornou algo. O caos ouviu e se converteu em ordem; a escuridão ouviu e se tornou luz. "E disse Deus [...]. E assim foi" (Gênesis 1.9). Essas expressões gêmeas, como causa e efeito, ocorrem ao longo do relato da Criação no Gênesis. O dito responde pelo acontecido. O acontecido é o dito transposto para o presente contínuo.

Que Deus está aqui e que está falando — são verdades que formam a espinha dorsal de todas as outras verdades bíblicas; sem elas, não poderia haver nenhuma revelação, em absoluto. Deus não escreveu um livro e o enviou por um mensageiro para ser lido de longe por mentes desamparadas. Ele proferiu um Livro e vive nas palavras que pronunciou, falando-as constantemente e fazendo que o poder delas persista ao longo dos anos. Deus soprou o barro, e ele se tornou um homem; sopra os homens, e eles se tornam barro. "[...] Retornem ao pó, seres humanos!" (Salmos 90.3) foi a palavra decretada na Queda, pela qual Deus determinou a morte de todos os seres humanos, sem a necessidade de acrescentar palavra alguma. A triste procissão de

· 79 ·

EM BUSCA DE DEUS

humanidade sobre a face da terra, do nascimento à cova, prova que sua Palavra original bastava.

Não temos dado atenção suficiente à elocução do livro de João: "Estava chegando ao mundo a verdadeira luz, que ilumina todos os homens" (João 1.9). Mudemos a pontuação como bem entendermos, e a verdade continuará ali: a Palavra de Deus afeta o coração de todos os homens como luz na alma. No coração de todos os homens a luz brilha, a Palavra ecoa, e não há como fugir delas. Se Deus vive e está presente em seu mundo, algo assim necessariamente aconteceria. E João diz que assim é. Mesmo quem nunca ouviu falar sobre a Bíblia tem sido alvo de pregação com clareza suficiente para afastar qualquer desculpa do próprio coração para sempre. "Pois mostram que as exigências da Lei estão gravadas em seu coração. Disso dão testemunho também a sua consciência e os pensamentos deles, ora acusando-os, ora defendendo-os" (Romanos 2.15). "Pois desde a criação do mundo os atributos invisíveis de Deus, seu eterno poder e sua natureza divina, têm sido vistos claramente, sendo compreendidos por meio das coisas criadas, de forma que tais homens são indesculpáveis" (Romanos 1.20).

Essa voz universal de Deus costumava ser chamada de sabedoria pelos hebreus da Antiguidade, e dela se dizia que soava em toda parte da terra e também a sondava, em busca de alguma reação da parte dos filhos dos homens. O capítulo 8 do livro de Provérbios começa: "Não clama, porventura, a Sabedoria, e o Entendimento não faz ouvir a sua voz?" (Provérbios 8.1, *Almeida Revista e Atualizada*). O autor em seguida retrata a sabedoria como uma bela mulher em pé, "No cumo das alturas, junto ao caminho, nas encruzilhadas das veredas [...]" (v. 2, *Almeida Revista*

A voz eloquente

e Atualizada). Ela faz soar sua voz dos quatro cantos, de modo que ninguém possa deixar de ouvir. "A vocês, homens, eu clamo; a todos levanto a minha voz" (v. 4). Suplica então ao simples e ao tolo que deem ouvidos a suas palavras. É por uma resposta espiritual que essa sabedoria de Deus está suplicando, uma resposta que sempre buscou e que apenas raras vezes consegue assegurar. A tragédia é que o nosso bem-estar eterno depende de ouvirmos, ao passo que treinamos os nossos ouvidos para não ouvir.

Essa voz universal sempre soou, e com frequência perturbou os seres humanos, mesmo quando eles não compreendem a fonte de seus temores. Seria possível que ela, gotejando feito névoa viva sobre o coração humano, esteja sendo a causa não revelada da consciência perturbada e do anseio por imortalidade confessados por milhões desde a aurora da história da qual se tem registro? Não precisamos ter medo de enfrentar isso. A voz eloquente é um fato. Como os homens reagem a ela, é coisa para qualquer observador notar.

Quando Deus falou do céu com o nosso Senhor, homens egoístas que o escutaram explicaram o ocorrido por meio de causas naturais. Disseram: "Trovejou". Esse hábito de explicar a voz apelando para as leis naturais está na raiz da ciência moderna. No cosmo vivo e pulsante, existe um Algo misterioso, maravilhoso demais, terrível demais para a mente compreender. O crente não afirma entender. Cai de joelhos e murmura: "Deus". O incrédulo se ajoelha também, mas não para adorar. Ajoelha-se para examinar, investigar, descobrir a causa e o como das coisas. Acontece agora mesmo de vivermos uma era secular. Os nossos hábitos de pensamento são os do cientista, não os do adorador. É mais provável explicarmos do que adorarmos.

EM BUSCA DE DEUS

"Trovejou", exclamamos, e seguimos o nosso caminho terreno. Mas a voz ainda soa e busca. A ordem e a vida do mundo dependem dessa voz, mas a maior parte das pessoas está ocupada demais, ou é teimosa demais, para dar atenção.

Cada um de nós já teve experiências que não foi capaz de explicar: um senso repentino de solidão, ou um sentimento de assombro e reverência ante a vastidão do Universo. Ou tivemos uma visitação fugaz da luz, como a iluminação de algum outro sol, dando-nos em um lampejo a garantia de que somos de outro mundo, de que a nossa origem é divina. O que vimos, ou sentimos, ou ouvimos, pode ter sido contrário a tudo o que nos foi ensinado nas escolas e muito diferente de todas as nossas antigas crenças e opiniões. Fomos forçados a suspender as dúvidas que adquirimos ao mesmo tempo que nuvens se afastavam e enxergávamos e escutávamos por nós mesmos. Podemos explicar tudo isso como bem entendermos, mas penso que não temos sido justos com os fatos até admitirmos ao menos a possibilidade de que tais experiências possam surgir a partir da presença de Deus no mundo e de seu esforço persistente de se comunicar com a raça humana. Não descartemos uma hipótese dessas com excessiva leviandade.

Estou convicto (e aqui não devo me sentir mal se ninguém me acompanhar) de que toda coisa boa e bela que o ser humano produz no mundo é resultado de sua reação deficiente e obstruída pelo pecado à voz criativa que soa sobre a terra. Os filósofos morais que tiveram seus sonhos elevados de virtude, os pensadores religiosos que especularam sobre Deus e a imortalidade, os poetas e artistas que criaram da matéria comum a beleza pura e duradoura, como explicá-los? Não basta atribuir a uma

A voz eloquente

"questão de genialidade". O que então é a genialidade? Talvez uma pessoa assombrada pela voz eloquente, trabalhando e lutando como alguém possuído para alcançar fins que só compreende vagamente? Que o gênio tenha deixado de notar Deus em seu trabalho, que tenha até falado ou escrito contra Deus em seu trabalho, isso não anula a ideia que estou propondo. A revelação redentora de Deus nas Sagradas Escrituras é necessária para a fé salvadora e a paz com Deus. A fé em um Salvador ressurreto é necessária caso se pretenda que os movimentos vagos no sentido da imortalidade nos levem a uma comunhão tranquila e satisfatória com Deus. Para mim, esta é uma explicação plausível de tudo o que é melhor longe de Cristo. Mas você pode ser um bom cristão e não aceitar a minha tese.

A voz de Deus é amigável. Ninguém precisa temer ouvi-la, a menos que já tenha decidido resistir-lhe. O sangue de Jesus tem coberto não só a raça humana, mas toda a criação também. "e por meio dele reconciliasse consigo todas as coisas, tanto as que estão na terra quanto as que estão nos céus [...]" (Colossenses 1.20). Podemos pregar com segurança um céu amigável. Os céus e a terra estão cheios do "[...] favor daquele que apareceu na sarça ardente [...]" (Deuteronômio 33.16). O sangue perfeito da expiação assegura isso para sempre.

Quem tem ouvidos ouvirá o céu falando. Sem sombra de dúvida, este não é o momento em que as pessoas aceitam com simpatia uma exortação para ouvir, pois hoje ouvir não faz parte da religião popular. Estamos no extremo oposto disso. A religião tem aceitado a monstruosa heresia de que barulho, tamanho, atividade e algazarra tornam o ser humano caro a Deus. Mas podemos nos sentir encorajados. A um povo alcançado pela tempestade do último

EM BUSCA DE DEUS

grande conflito, Deus diz: "Aquietai-vos e sabei que eu sou Deus [...]" (Salmos 46.10, *Almeida Revista e Atualizada*). E ele continua declarando isso, como se quisesse nos dizer que a nossa força e a nossa segurança se encontram não no barulho, mas no silêncio.

É importante que nos aquietemos para esperar em Deus. E é melhor que fiquemos a sós, de preferência com a nossa Bíblia aberta bem à frente. Então, se quisermos, poderemos chegar perto de Deus e começar a ouvi-lo falar ao nosso coração. Acho que, para a pessoa comum, a progressão será mais ou menos assim: primeiro, o som como de uma presença caminhando no jardim. Em seguida, uma voz mais inteligível, porém ainda longe de poder ser chamada de clara. Então, o instante feliz quando o Espírito começa a iluminar as Escrituras, e aquilo que fora apenas um som ou, na melhor das hipóteses, uma voz, agora se torna uma palavra inteligível, afetuosa, íntima e nítida como a palavra de um amigo querido. Então, virão vida e luz e, melhor de tudo, a capacidade de ver e abraçar Jesus Cristo como Salvador e Senhor e tudo, e de nele descansar.

A Bíblia jamais será um livro vivo para nós até estarmos convencidos de que Deus é articulado em seu Universo. Saltar de um mundo morto e imperfeito para uma Bíblia dogmática é demais para a maioria das pessoas. Elas podem reconhecer que deveriam aceitar a Bíblia como Palavra de Deus, e podem tentar pensar nela como tal, mas acham impossível crer que as palavras ali contidas, em cada página, são de fato para elas. Um homem pode dizer "Essas palavras são dirigidas a mim" e, no entanto, em seu coração, não sentir e não saber que são. Ele é vítima de uma psicologia dividida. Tenta pensar em Deus mudo em toda parte e oral só em um livro.

A voz eloquente

Creio que grande parte da nossa descrença religiosa se deva a uma concepção errada e a um sentimento errado pelas Escrituras da verdade. Um Deus silencioso de repente começa a falar em um livro e, quando o livro foi concluído, caiu outra vez no silêncio, para sempre. Agora lemos o livro conforme o registro do que Deus disse quando esteve por um breve tempo com disposição para falar. Com ideias desse tipo na cabeça, como podemos crer? A verdade é que Deus não está em silêncio, nunca esteve. É da natureza de Deus falar. A segunda pessoa da Trindade santa é chamada de Verbo. A Bíblia é o resultado inevitável do discurso constante de Deus. É a declaração infalível de sua mente em nosso favor transposta em palavras humanas familiares a nós.

Penso que um novo mundo surgirá das brumas da religião quando abordarmos a Bíblia com a ideia de que ela não é apenas um livro um dia proferido, mas um livro que fala agora. Os profetas costumam anunciar: "Assim diz o Senhor". Eles pretendiam que seus ouvintes entendessem que Deus falar está no presente contínuo. Podemos usar o tempo passado de maneira adequada para indicar que, em determinado momento, determinada palavra de Deus foi proferida, mas uma palavra de Deus uma vez proferida continua a ser dita, como a criança uma vez nascida continua viva, ou um mundo uma vez criado continua a existir. E estas não passam de ilustrações imperfeitas, pois crianças morrem e mundos se exaurem, mas a Palavra do nosso Deus dura para sempre.

Se você deseja prosseguir em conhecer Deus, vá até a Bíblia aberta, na expectativa de que ela fale com você. Não se aproxime imbuído da noção de que ela é uma coisa que você consegue

EM BUSCA DE DEUS

intimidar de acordo com a sua conveniência. Ela é mais do que uma coisa; é uma voz, uma palavra, a Palavra do próprio Deus vivo.

Senhor, ensina-me a ouvir. Os tempos são barulhentos, e os meus ouvidos estão exaustos dos sons estridentes que continuamente os assaltam. Dá-me o espírito do menino Samuel quando ele te disse: "[...] Fala, pois o teu servo está ouvindo" (1Samuel 3.10). Deixa-me te ouvir falar ao meu coração. Deixa-me acostumar com o som da tua voz, que o seu tom se torne familiar quando os sons da terra esmorecerem e o único som for a música da tua voz falando. Amém.

CAPÍTULO 7

O OLHAR FIXO DA ALMA

Tendo os olhos fitos em Jesus, autor
e consumador da nossa fé [...].
HEBREUS 12.2

CONSIDEREMOS A PESSOA COMUM INTELIGENTE, mencionada no capítulo 6, preparando-se pela primeira vez para a leitura das Escrituras. Ela se aproxima da Bíblia sem nenhum conhecimento prévio do que o livro contém. É inteiramente desprovida de preconceito; não tem nada para provar e nada para defender.

Tal pessoa não irá muito longe na leitura até sua mente começar a observar certas verdades saltando da página. São os princípios espirituais por trás do registro da relação de Deus com os seres humanos, entremeados aos escritos de homens

EM BUSCA DE DEUS

santos "[...] impelidos pelo Espírito Santo" (2Pedro 1.21). Ao avançar na leitura, talvez tal pessoa queira numerar essas verdades, à medida que se tornam claras para ela, e acrescentar um breve resumo à frente de cada número. Esses resumos comporão os dogmas de seu credo bíblico. A continuidade da leitura não afetará esses pontos, exceto para ampliá-los e fortalecê-los. A pessoa estará descobrindo o que a Bíblia de fato ensina.

No topo da lista de coisas que a Bíblia ensina estará a doutrina da fé. O lugar de preeminência que a Bíblia confere à fé ficará claro demais para que a pessoa o deixe de notar. É bem provável que ela conclua: a fé é crucial na vida da alma. Sem fé, é impossível agradar a Deus. A fé me dará qualquer coisa, me levará a qualquer parte do Reino de Deus, mas sem fé não pode haver nenhuma abordagem de Deus, nenhum perdão, nenhuma libertação, nenhuma salvação, nenhuma comunhão, nenhuma vida espiritual.

No momento em que a pessoa chegar ao capítulo 11 de Hebreus, o eloquente encômio ali declarado à fé não lhe parecerá estranho. Ela já terá lido a poderosa defesa de Paulo à fé em suas epístolas aos Romanos e aos Gálatas. Mais adiante, se continuar estudando a história da Igreja, compreenderá o poder extraordinário nos ensinos dos reformadores, quando eles mostraram o lugar central ocupado pela fé na religião cristã.

Ora, se a fé tem importância vital, se é indispensável na nossa busca de Deus, nada mais natural que saber se temos ou não esse dom precioso nos cause profunda preocupação. E, sendo nossa mente como é, cedo ou tarde é inevitável que questionemos a natureza da fé. O questionamento "O que é fé?" ocupará posição junto da pergunta "Eu tenho fé?", e exigirá uma resposta, se for possível encontrá-la em alguma parte.

Ó olhar fixo da alma

Quase todos que pregam ou escrevem sobre a matéria da fé têm as mesmas coisas a dizer a seu respeito. Todos nos falam que é crer em uma promessa, tomar Deus por sua Palavra, considerar a Bíblia verdadeira e agir de acordo. O resto do livro ou sermão costuma ser preenchido com histórias de pessoas que viram suas orações ser respondidas em consequência da fé. Essas respostas são dons diretos de natureza prática e temporal, tais como saúde, dinheiro, proteção física ou sucesso nos negócios. Ou, se o professor tiver pendor filosófico, ele pode seguir outro curso e perder-nos em uma confusão metafísica ou esmagar-nos com seu jargão psicológico enquanto define e redefine, desbastando os fios tênues da fé cada vez mais, até enfim eles desaparecerem em aparas diáfanas feito gaze. Quando ele dá por encerrado, levantamo-nos desapontados e saímos "pela mesma porta que entramos". Com certeza deve haver algo melhor do que isso.

Nas Escrituras, praticamente não há esforço algum no sentido de apresentar o significado de fé. Tirando uma breve definição de 16 palavras apenas em Hebreus 11.1, não conheço outra na Bíblia, e mesmo nesse trecho a fé é definida em termos funcionais, não filosóficos; ou seja, trata-se de uma declaração do que é a fé em operação, não em essência. O texto bíblico presume a presença de fé e mostra em que ela resulta, em vez de declarar o que ela é. Demonstraremos sabedoria se formos só até aí e não tentarmos ir além. Ficamos sabendo de onde vem a fé e o que significa: "[...] [a] fé [...] é dom de Deus" (Efésios 2.8) e "[...] vem por se ouvir a mensagem, e a mensagem é ouvida mediante a palavra de Cristo" (Romanos 10.17). Até aqui está claro e, para parafrasear Thomas à Kempis, "preferi exercitar a fé a conhecer-lhe a definição".

EM BUSCA DE DEUS

Desse momento em diante, quando as palavras "fé é" ou equivalentes aparecerem neste capítulo, peço que sejam compreendidas em referência ao que é a fé em operação, exercitada por uma pessoa que crê. Neste ponto exato, abandonamos a noção de definição e pensamos na fé experimentada em ação. A natureza dos nossos pensamentos será prática, não teórica.

Em uma história dramática do livro de Números, a fé é vista em ação. Israel esmorecera e falara contra Deus, de modo que o Senhor enviou serpentes furiosas para o meio deles. "Então o SENHOR enviou serpentes venenosas que morderam o povo, e muitos morreram" (Números 21.6). Diante do problema, Moisés buscou Deus em prol do povo, e o Senhor o ouviu e lhes deu um remédio contra a mordida das serpentes. Deus ordenou que Moisés fizesse uma serpente de bronze e a colocasse sobre um poste à vista de todo o povo, e "[...] quem for mordido e olhar para ela [a serpente de bronze] viverá" (v. 8). Moisés obedeceu, e "[...] Quando alguém era mordido por uma serpente e olhava para a serpente de bronze, permanecia vivo" (v. 9).

No Novo Testamento, esse importante fato histórico é interpretado para nós por ninguém menos que a maior de todas as autoridades, o Senhor Jesus Cristo em pessoa. Ele explica a seus ouvintes como eles podiam ser salvos. Diz-lhes que é crendo. Então, para deixar claro que se refere a esse incidente do livro de Números, declara: "Da mesma forma como Moisés levantou a serpente no deserto, assim também é necessário que o Filho do homem seja levantado, para que todo o que nele crer tenha a vida eterna" (João 3.14,15).

A pessoa comum, ao ler isto, faria uma importante descoberta. Notaria que "olhar" e "crer" eram termos sinônimos.

O olhar fixo da alma

"Olhar" para a serpente do Antigo Testamento é idêntico a "crer" no Cristo do Novo Testamento. Ou seja, o olhar e o crer são a mesma coisa. E tal pessoa entenderia que, enquanto Israel olhava com os olhos exteriores, crer é feito com o coração. Acho que ela concluiria que a fé é o olhar fixo da alma para um Deus salvador.

Vendo isso, essa pessoa se lembraria de passagens lidas anteriormente, e o significado delas se revelaria como uma torrente. "Os que olham para ele estão radiantes de alegria; seu rosto jamais mostrará decepção" (Salmos 34.5). "A ti levanto os meus olhos, a ti, que ocupas o teu trono nos céus. Assim como os olhos dos servos estão atentos à mão de seu senhor e como os olhos das servas estão atentos à mão de sua senhora, também os nossos olhos estão atentos ao Senhor, ao nosso Deus, esperando que ele tenha misericórdia de nós" (Salmos 123.1,2). Aqui a pessoa em busca de misericórdia olha direto para o Deus de misericórdia sem jamais desviar os olhos dele até que a misericórdia seja concedida. E até o nosso Senhor sempre olhou para Deus. "[...] e, olhando para o céu, deu graças e partiu os pães [...]" (Mateus 14.19). De fato, Jesus ensinava que costumava forjar seu trabalho mantendo os olhos interiores firmes no Pai. Seu poder está em ele olhar continuamente para Deus (v. João 5.19-21).

Em total acordo com os poucos textos que citamos, está a essência inteira da Palavra inspirada. Ela é resumida para nós na epístola aos Hebreus, quando somos instruídos a correr a corrida da vida, "tendo os olhos fitos em Jesus, autor e consumador da nossa fé [...]" (Hebreus 12.2). De tudo isso, aprendemos que a fé não é um ato único, mas um olhar fixo e contínuo para o coração do Deus trino.

EM BUSCA DE DEUS

Crer, então, é direcionar a atenção do coração para Jesus. É alçar a mente como quem exclama para si mesmo "[Veja]! É o Cordeiro de Deus" (João 1.29) e jamais deixar de contemplá-lo, pelo resto da vida. Pode ser difícil a princípio, porém se torna mais fácil quando olhamos firmemente para sua pessoa maravilhosa, em silêncio e sem esforço. Distrações podem atrapalhar, mas, uma vez que o coração esteja comprometido com ele, após cada breve excursão para longe dele, a atenção voltará outra vez e nele descansará como um pássaro errante retorna para sua janela.

Eu gostaria de enfatizar esse único compromisso, esse grande ato único da vontade a estabelecer a intenção do coração de olhar fixamente e para sempre em direção a Jesus. Deus interpreta essa intenção como uma escolha nossa e confere todos os descontos que tem para dar pelos milhares de distrações que nos assediam neste mundo mau. Ele sabe que estabelecemos a direção do nosso coração rumo a Jesus, e podemos sabê-lo também e consolar-nos com o conhecimento de que um hábito da alma está se formando, o qual se converterá, depois de algum tempo, em uma espécie de reflexo espiritual, não exigindo mais esforço consciente da nossa parte.

A fé é a menos egoísta das virtudes. Por natureza, tem rara consciência da própria existência. Como o olho que enxerga tudo na sua frente e nunca se vê, a fé se ocupa do objeto sobre o qual repousa e não presta absolutamente nenhuma atenção em si mesma. Enquanto olhamos para Deus, não nos enxergamos — bendito livramento. A pessoa que luta para se purificar e nada encontra, a não ser fracassos repetidos, experimentará alívio real quando parar de revolver a própria alma e desviar os olhos para aquele que é perfeito. Enquanto olha para Cristo,

• 92 •

O olhar fixo da alma

justamente aquilo que há tanto tempo vem tentando fazer será realizado em seu interior. Será Deus trabalhando nela para querer e realizar.

A fé não é um ato meritório em si mesmo; o mérito pertence àquele a quem ela é direcionada. A fé é um redirecionamento da nossa visão, um desfocar da nossa visão com um novo focar em Deus. O pecado deturpou a nossa visão por dentro e a tornou egoísta. A descrença colocou o eu onde Deus deveria estar, e se aproxima perigosamente do pecado de Lúcifer, que declarou: "Estabelecerei meu trono acima do trono de Deus". A fé volta o olhar para fora, em vez de para dentro, e a vida inteira entra nos eixos.

Tudo isso pode parecer simples demais. Todavia, não temos justificativas a dar. Aos que procurariam subir ao céu em busca de ajuda ou descer ao inferno, Deus diz: "[...] A palavra está perto de você [...] a palavra da fé [...]" (Romanos 10.8). A palavra nos induz a erguer os olhos para o Senhor, e a bendita obra da fé começa.

Quando erguemos os nossos olhos interiores para fitar Deus, estamos seguros de encontrar olhos amistosos fixos em nós, pois está escrito que "[...] os olhos do SENHOR estão atentos sobre toda a terra [...]" (2Crônicas 16.9). A linguagem doce da experiência é "[...] Tu és o Deus que me vê [...]" (Gênesis 16.13). Quando os olhos da alma voltados para fora encontram os olhos de Deus voltados para dentro, o céu começa bem aqui, na terra.

"Quando todo o meu empenho está voltado para ti, porque todo o teu empenho está voltado para mim; quando olho só para ti com toda a minha atenção, sem jamais desviar os olhos da minha mente, porque tu me envolves com teu olhar constante;

EM BUSCA DE DEUS

quando direciono o meu amor só para ti, porque tu, que és o próprio amor, te voltaste só para mim... E o que, Senhor, é a minha vida, a não ser esse abraço em que a tua maravilhosa doçura me envolve de maneira tão amorosa?"[11] Assim escreveu Nicolau de Cusa quatrocentos anos atrás.

Eu gostaria de dizer mais sobre esse velho homem de Deus. Ele não é muito conhecido hoje entre os crentes cristãos, e nada conhecido entre os fundamentalistas atuais. Sinto que teríamos muito a ganhar sabendo um pouco sobre homens de sua índole espiritual e sobre a escola de pensamento cristão que eles representam. A literatura cristã, para ser aceita e aprovada pelos líderes evangélicos do nosso tempo, deve seguir muito de perto a mesma linha de raciocínio, uma espécie de "diretriz de partido político" da qual raras são as ocasiões em que é seguro se afastar. Meio século disso nos Estados Unidos deixou-nos presunçosos e satisfeitos. Imitamo-nos uns aos outros com devoção servil, e os nossos esforços mais árduos são empreendidos no sentido de tentar dizer a mesma coisa que todo mundo à nossa volta está dizendo — e, ainda assim, encontrar uma desculpa por dizê-lo, uma pequena variação segura do tema aprovado ou, se não mais, ao menos uma nova ilustração.

Nicolau foi um seguidor sincero de Cristo, um apaixonado pelo Senhor, radiante e reluzente na devoção à pessoa de Jesus. Sua teologia era ortodoxa, mas doce e deliciosa como seria de esperar que fosse tudo relacionado a Jesus. Sua concepção da vida eterna, por exemplo, é bela em si mesma e, se não me engano, está mais próxima do espírito de João 17.3 do que a corrente entre nós hoje.

[11] CUSA, Nicholas of. **The Vision of God**. New York: E. P. Dutton & Co., Inc., 1928.

O olhar fixo da alma

A vida eterna, segundo Nicolau, "não é outra senão o olhar bendito com que nunca deixaste de me contemplar, sim, até os lugares secretos da minha alma. Ver é dar vida; é transmitir sem cessar o teu amor mais doce; é inflamar-me para te amar pela transmissão do amor, e alimentando, avivar o meu anseio, e avivando, fazer-me sorver do orvalho da alegria, e sorvendo, derramar em mim uma fonte de vida, e derramando, fazê-la aumentar e perdurar".[12]

Ora, se fé é o olhar do coração fixo em Deus, e se esse olhar é apenas o erguer dos olhos para encontrar os olhos de Deus que tudo veem, segue-se que ela é uma das coisas mais fáceis que se pode fazer. Seria típico de Deus facilitar o que há de mais vital e colocá-lo ao alcance da possibilidade do mais frágil e pobre entre nós.

Pode-se chegar a diversas conclusões razoáveis de tudo isso. Sua simplicidade, por exemplo. Como crer é olhar, pode-se fazê-lo sem equipamentos especiais ou parafernálias religiosas. Deus cuidou para que o essencial da experiência única de vida e morte jamais pudesse se sujeitar aos caprichos do acidente. Equipamentos podem quebrar ou se perder, a água pode escoar toda, os registros podem ser destruídos pelo fogo, o ministro pode se atrasar ou a igreja pode ser destruída pelo fogo. Tudo isso é exterior à alma e está sujeito ao acidente ou à falha mecânica; olhar, no entanto, é do coração e pode ser realizado com sucesso por qualquer pessoa em pé ou ajoelhada ou deitada em sua derradeira agonia, a mil quilômetros de qualquer igreja.

Considerando que crer é olhar, pode-se fazê-lo a qualquer tempo. Nenhuma estação é superior a outra por este que é o mais doce de todos os atos. Deus nunca fez a salvação dependente

[12] Ibid.

EM BUSCA DE DEUS

de luas novas ou dias santos ou sábados. Não há homem mais próximo de Cristo no Domingo de Páscoa do que, digamos, no sábado, 3 de agosto, ou na segunda, 4 de outubro. Desde que Cristo ocupe o trono da mediação, todo dia é um bom dia e todos os dias são de salvação.

Tampouco importa o lugar nessa obra bendita do crer em Deus. Eleve o seu coração e permita que ele descanse em Jesus, e no mesmo instante você estará dentro de um santuário, seja ele o leito de um vagão-dormitório, ou uma fábrica, ou uma cozinha. Você consegue ver Deus em qualquer parte se a sua mente estiver determinada a amá-lo e obedecer-lhe.

Agora, alguém pode perguntar: "Não é sobre isso que se fala para pessoas especiais como monges ou ministros que, pela natureza de seu chamado, têm mais tempo para dedicarem à meditação silenciosa? Sou trabalhador, e pouco tempo me resta para estar a sós com Deus". Fico feliz em dizer que a vida que descrevo é para cada um dos filhos de Deus, independentemente do chamado. Na verdade, é praticada com alegria todos os dias por muita gente que trabalha duro e não está fora do alcance de ninguém.

Muitos têm descoberto o segredo do que falo e, sem dedicar grande consideração ao que se passa dentro deles, praticam o tempo todo o hábito de olhar fixo para Deus interiormente. Sabem que alguma coisa dentro do próprio coração enxerga Deus. Mesmo quando compelidos a afastar a atenção consciente a fim de se envolverem com assuntos terrenos, existe dentro deles uma comunhão secreta sempre em andamento. Eles deixam a atenção livre por um instante dos assuntos necessários, e ela voa na mesma hora para Deus outra vez. Esse tem sido o testemunho de muitos cristãos, tantos que, enquanto ainda falo,

O olhar fixo da alma

tenho a sensação de os estar citando, embora quem ou quantos não estou em condições de saber.

Não quero dar a impressão de que os meios comuns de graça não têm nenhum valor. É certo que têm. A oração privada deve ser praticada por todo cristão. Longos períodos de meditação na Bíblia purificarão e direcionarão o nosso olhar; a frequência à igreja ampliará a nossa perspectiva e aumentará o nosso amor pelos outros. Serviço e obra e atividade, tudo isso é bom, e todo cristão deve se envolver com eles. No entanto, por baixo de todas essas coisas, conferindo-lhes sentido, estará o hábito interior de contemplar Deus. Um novo par de olhos (por assim dizer) se desenvolverá dentro de nós, capacitando-nos a fitar Deus ao mesmo tempo que os nossos olhos exteriores buscam os cenários deste mundo passageiro.

Alguém pode recear que estejamos exagerando ao enaltecer a religião privada, que o "nós" do Novo Testamento esteja sendo substituído por um "eu" egoísta. Já ocorreu a você que cem pianos, todos afinados pelo mesmo diapasão, automaticamente estão afinados um com o outro? Há um acordo comum entre eles por estarem afinados não um com o outro, mas com outro padrão ao qual cada um deles deve se curvar. De igual modo, cem adoradores reunidos, cada um olhando para Cristo, no coração se encontram mais próximos uns dos outros do que seria possível caso se pretendesse que se tornassem uma "unidade" consciente e voltassem os olhos para longe de Deus a fim de lutar por uma comunhão mais íntima. A religião social é aperfeiçoada quando a religião particular é purificada. O corpo se fortalece à medida que seus membros ficam mais saudáveis. A Igreja de Deus inteira sai ganhando quando os membros que a compõem começam a buscar uma vida melhor e mais elevada.

EM BUSCA DE DEUS

Tudo isso pressupõe o arrependimento verdadeiro e um comprometimento total com a vida de Deus. É muito difícil que haja necessidade de mencionar esse fato, pois só quem assumiu tal compromisso terá lido até aqui.

Quando o hábito de fitar Deus internamente se fixar em nós, seremos conduzidos a um novo patamar de vida espiritual, mais adequado às promessas de Deus e à atmosfera do Novo Testamento. O Deus trino será o nosso lugar de habitação mesmo quando os nossos pés percorrerem o caminho mundano do simples dever aqui entre os homens. Teremos encontrado de fato o *summum bonum* da vida.[13] "Lá está a fonte de todos os deleites que se pode desejar; não só nada melhor pode ser idealizado por homens e anjos, mas nada melhor pode existir em termos de ser! Pois é o máximo absoluto de todo desejo racional, tanto que maior não pode haver".[14]

Ó Senhor, ouvi uma palavra boa me convidando para desviar o olhar para ti e ser satisfeito. O meu coração almeja atender, mas o pecado tem obscurecido a minha visão de modo que te enxergo, mas indistintamente. Dá-te o prazer de me purificar no teu sangue precioso, e torna-me puro por dentro, de modo que eu possa, com olhos descobertos, fixar o olhar em ti todos os dias da minha terrena peregrinação. Então estarei preparado para contemplar-te em pleno esplendor no dia em que surgires para seres glorificado nos teus santos e admirado em todos os que creem. Amém.

---

[13] Bem supremo. [N. do T.]

[14] CUSA, Nicholas of. **The Vision of God.** New York: E. P. Dutton & Co., Inc., 1928.

CAPÍTULO 8

RESTAURANDO A RELAÇÃO CRIADOR/CRIATURA

Sê exaltado, ó Deus, acima dos céus!
Sobre toda a terra esteja a tua glória!
SALMOS 57.5

É UM TRUÍSMO AFIRMAR QUE, na natureza, a ordem depende dos relacionamentos certos; e que, para se alcançar a harmonia, cada coisa deve ocupar a posição que lhe é adequada em relação às demais. Na vida humana não é diferente.

Dei a entender, nos capítulos anteriores, que a causa de todas as misérias humanas é o deslocamento moral radical, um

EM BUSCA DE DEUS

transtorno na nossa relação com Deus e uns com os outros. A Queda pode ter causado muita coisa, mas com certeza promoveu uma transformação abrupta na relação do ser humano com seu Criador. O ser humano adotou para com Deus uma atitude diferente e, ao fazê-lo, destruiu a relação apropriada entre Criador e criatura, na qual, sem que soubesse, repousa sua verdadeira felicidade. Em essência, a salvação é a restauração da correta relação entre o ser humano e seu Criador, uma restauração à normalidade da relação Criador/criatura.

A vida espiritual satisfatória começa com uma transformação completa na relação entre Deus e o pecador; não com uma simples mudança judicial, mas com uma transformação consciente e experimentada que afeta a natureza inteira do pecador. A expiação pelo sangue de Jesus torna essa transformação possível em termos jurídicos, e a obra do Espírito Santo faz dela algo emocionalmente satisfatório. A história do filho pródigo ilustra com perfeição essa segunda fase. Ele trouxe para si um mundo de problemas ao renunciar à posição que tinha por direito na condição de filho. No fundo, sua restauração nada mais era que o restabelecimento da relação pai/filho existente desde seu nascimento e modificada em caráter temporário por seu ato de rebeldia pecaminoso. A história faz vista grossa aos aspectos legais da redenção, mas é magnífico como deixa claros os aspectos experienciais da salvação.

Para determinar os nossos relacionamentos, precisamos começar de algum lugar. Deve haver um centro fixo em algum ponto pelo qual tudo o mais é medido, onde a lei da relatividade não entra e onde podemos dizer "É" sem fazer nenhuma concessão. Esse centro é Deus. Quando Deus quis tornar seu nome conhecido da

Restaurando a relação Criador/criatura

humanidade, não encontrou melhor expressão do que "EU SOU". Ao falar na primeira pessoa, ele declara: "Eu sou"; quando falamos a seu respeito, afirmamos: "Ele é"; quando falamos com ele, dizemos: "Tu és". Todo o mundo e todas as outras coisas se medem por esse ponto fixo. "[...] Eu Sou o que Sou [...]" (Êxodo 3.14), diz Deus. "[...] eu, o SENHOR, não mudo [...]" (Malaquias 3.6).

Como o marinheiro localiza sua posição no mar "medindo" a altura do sol, assim podemos encontrar a nossa direção moral olhando para Deus. Temos de começar com Deus. Estamos certos quando e somente quando nos colocamos em uma posição correta em relação a Deus, e errados enquanto e por todo o tempo permanecermos em qualquer outra posição.

Grande parte da nossa dificuldade como cristãos que buscam Deus nasce da nossa relutância em tomar Deus pelo que ele é e ajustar a nossa vida de acordo com isso. Insistimos em tentar modificá-lo e trazê-lo mais perto da nossa própria imagem. A carne geme contra o rigor da sentença inexorável de Deus e implora como Agague por um pouco de misericórdia, uma pequena indulgência para com seus caminhos carnais. É inútil. Só começamos bem se aceitarmos Deus como ele é e se aprendermos a amá-lo pelo que é. À medida que prosseguimos em conhecê-lo melhor, descobrimos a fonte de alegria indizível no fato de Deus ser exatamente o que ele é. Alguns dos momentos de maior arrebatamento que conheceremos serão aqueles que passaremos em reverente admiração da divindade. Nessas ocasiões santas, até a ideia de que existe mudança em Deus será dolorosa demais para suportar.

Então comecemos com Deus. Por trás de tudo, acima de tudo, antes de tudo, está Deus; o primeiro em ordem sequencial,

EM BUSCA DE DEUS

acima em ordem e posição, exaltado em dignidade e honra. Como o único autoexistente, ele concedeu existência a todas as coisas, e todas as coisas existem dele e para ele. "Tu, Senhor e Deus nosso, és digno de receber a glória, a honra e o poder, porque criaste todas as coisas, e por tua vontade elas existem e foram criadas" (Apocalipse 4.11).

Toda alma pertence a Deus e existe por seu prazer. Sendo Deus quem e o que é, e sendo nós quem e o que somos, a única relação imaginável entre nós é de pleno senhorio da parte dele e de completa submissão da nossa. Devemos a ele toda honra que está ao nosso alcance dar. A nossa eterna aflição está em lhe dar menos que isso.

A busca de Deus abrangerá o trabalho de conformar toda a nossa personalidade à dele. E isso não em sentido judicial, mas de fato. Não me refiro aqui ao ato da justificação pela fé em Cristo. Falo sobre uma exaltação voluntária de Deus à posição que lhe pertence por direito sobre nós e de uma rendição voluntária de todo o nosso ser ao lugar de submissão em adoração que a circunstância Criador/criatura torna propícia.

No momento em que decidirmos dar sequência à determinação de exaltar Deus acima de tudo, abandonaremos o desfile do mundo. Descobriremos que não estamos ajustados aos caminhos do mundo, e que é cada vez mais assim à medida que progredimos no caminho santo. Obteremos um novo ponto de vista; uma psicologia nova e diferente será formada dentro de nós; um novo poder começará a nos surpreender com seus arroubos e manifestações.

A nossa ruptura com o mundo será o resultado direto da nossa relação transformada com Deus. Pois o mundo dos

Restaurando a relação Criador/criatura

homens caídos não honra a Deus. Milhões podem se chamar por seu nome, é verdade, e lhe devotar algum respeito, mas um teste simples mostrará como na verdade poucos o honram em seu meio. Ponham à prova a pessoa comum em termos da questão de quem está lá em cima, e sua verdadeira posição virá à tona. Forcem-na a escolher entre Deus e o dinheiro, entre Deus e os homens, entre Deus e a ambição pessoal, entre Deus e o eu, entre Deus e o amor humano, e Deus ficará em segundo lugar todas as vezes. Todas essas outras coisas serão exaltadas acima dele. Por mais que a pessoa possa protestar, a prova está nas escolhas que ela faz dia após dia ao longo da vida.

"Sê exaltado" (Salmos 21.13) é a linguagem da experiência espiritual vitoriosa. Uma pequena chave para abrir a porta para grandes tesouros da graça. Fundamental na vida de Deus na alma. Que o ser humano que busca alcance um lugar onde vida e lábios se unam para dizer continuamente "Sê exaltado", e mil problemas menores se solucionarão de imediato. Sua vida cristã deixa de ser a complicação que fora antes e se converte na própria essência da simplicidade. Pelo exercício de sua vontade, essa pessoa estabeleceu um curso para si, e nele permanecerá como se conduzida por um piloto automático. Caso um vento adverso a lance fora do curso por um instante, ela com certeza retornará outra vez, como por um pendor da alma. Os impulsos ocultos do Espírito operam em seu favor, e "[...] as estrelas, desde as suas órbitas [...]" (Juízes 5.20) lutam por ela. Enfrentou o problema de sua vida no âmago, e tudo mais terá idêntico fim.

Que ninguém imagine essa pessoa perdendo dignidade humana com seu completo esvaziamento em função de seu Deus. Ela não se avilta como ser humano por isso; antes, encontra seu

EM BUSCA DE DEUS

lugar certo de alta honra como alguém feito à imagem de seu Criador. Sua desgraça profunda está na desordem moral em que se encontra, na usurpação ilegítima do lugar de Deus. Sua honra será provada restaurando outra vez o trono roubado. Ao exaltar Deus acima de tudo, essa pessoa encontra a exaltação da própria honra mais elevada.

Qualquer um que talvez relute em entregar a própria vontade à vontade de outrem deveria se lembrar das palavras de Jesus: "[...] Todo aquele que vive pecando é escravo do pecado" (João 8.34). É inevitável que sejamos servos de alguém: ou de Deus, ou do pecado. O pecador se orgulha de sua independência, negligenciando por completo o fato de ser o frágil escravo dos pecados que lhe governam os membros. O homem que se rende a Cristo troca um feitor cruel por um Mestre terno e gentil a lhe oferecer um jugo suave e um fardo leve.

Feitos como fomos à imagem de Deus, raras vezes estranhamos retomar Deus como o nosso tudo. Ele foi nosso *habitat* original, e ao nosso coração só resta se sentir em casa quando outra vez adentra essa antiga e bela morada.

Espero ter deixado claro que existe uma lógica por trás da afirmação divina da preeminência. Todo lugar lhe pertence por direito, na terra ou no céu. Enquanto tomamos para nós um lugar que é dele, o curso inteiro da nossa vida se desloca. Nada restaurará a ordem, nem poderá fazê-lo, até que o nosso coração tome a grande decisão: Deus seja exaltado sobre todas as coisas.

"[...] Honrarei aqueles que me honram [...]" (1Samuel 2.30), disse Deus certa vez a um sacerdote de Israel, e essa antiga lei do Reino permanece inalterada hoje pelo tempo que passa ou pelas mudanças da dispensação. A Bíblia inteira e cada página

Restaurando a relação Criador/criatura

da história proclamam a perpetuação dessa lei. "[...] Aquele que me serve, meu Pai o honrará" (João 12.26), disse o nosso Senhor Jesus, amarrando o antigo ao novo e revelando a unidade essencial de seus caminhos com os homens.

Às vezes a melhor maneira de enxergar algo é olhando para seu contrário. Eli e seus filhos foram colocados no sacerdócio com a condição de que honrariam Deus em sua vida e em suas ministrações. Fracassaram, de modo que Deus enviou Samuel para anunciar as consequências. Desconhecida para Eli, a lei da honra recíproca permanece em operação o tempo todo, em segredo, e agora chegara a hora do julgamento. Hofni e Fineias, os sacerdotes degenerados, morrem na batalha, a arca de Deus é capturada pelos filisteus, e o velho Elias cai para trás e morre com o pescoço quebrado. Portanto, a tragédia absoluta se seguiu ao fracasso de Eli em honrar Deus.

Agora compare com esse fato quase toda personagem bíblica que tentou glorificar Deus com sinceridade em sua caminhada terrena. Veja como Deus fez vista grossa à sua fraqueza e deixou passar fracassos ao mesmo tempo que derramava sobre seus servos graça e bênção incalculáveis. Pode ser Abraão, Jacó, Davi, Daniel, Eli ou quem você quiser, a honra seguiu-se à honra como a colheita segue a semente. O homem de Deus determinou no coração exaltar Deus acima de todas as coisas; Deus aceitou-lhe a intenção como um fato e agiu de acordo. Não a perfeição, mas a intenção santa, fez a diferença.

No nosso Senhor Jesus Cristo vemos essa lei aplicada com perfeição. Em sua modesta humanidade, ele se humilhou e com alegria entregou sua glória ao Pai no céu. Não buscou a própria honra, mas a honra do Deus que o enviou. "[...] Se glorifico

EM BUSCA DE DEUS

a mim mesmo, a minha glória nada significa. Meu Pai [...] é quem me glorifica" (João 8.54). Os orgulhosos fariseus haviam se distanciado tanto dessa lei que não conseguiram compreender alguém que honrava Deus em detrimento de si mesmo. "[...] honro o meu Pai, e vocês me desonram" (João 8.49).

Outra declaração de Jesus, muito perturbadora, foi proferida em forma de pergunta: "Como vocês podem crer, se aceitam glória uns dos outros, mas não procuram a glória que vem do Deus único?" (João 5.44). Se interpreto isso da maneira correta, Cristo ensinava aqui a doutrina alarmante de que o desejo de honra entre os homens impossibilitava o crer. Esse pecado está na raiz da descrença religiosa? Seria possível que as "dificuldades intelectuais" que os homens culpam por sua incapacidade de crer não passam de cortinas de fumaça para ocultar a verdadeira causa por trás delas? Foi esse desejo ávido de honra humana que converteu os homens em fariseus e os fariseus em deicidas? Será essa a espinha dorsal secreta da arrogância religiosa e da adoração vazia? Creio que pode ser. O curso inteiro da vida é transtornado pelo fracasso em pôr Deus em seu devido lugar. Exaltamos a nós mesmos em vez de Deus, e a isso se segue a maldição.

No nosso desejo de Deus, tenhamos sempre em mente que ele também deseja, e seu desejo está voltado para os filhos dos homens. Sendo mais específico, para os filhos dos homens que tomarão de uma vez por todas a decisão de exaltá-lo acima de tudo. Eles são preciosos para Deus mais que todos os tesouros da terra ou do mar. Deus encontra neles um teatro em que pode exibir sua extrema bondade em Cristo Jesus. Pode andar com eles desimpedido, pode agir com eles como o Deus que é.

• 106 •

Restaurando a relação Criador/criatura

Ao falar assim, tenho um receio: de convencer a mente antes que Deus consiga ganhar o coração. Pois essa posição com Deus acima de tudo não é fácil de assumir. A mente pode aprová-la sem o consentimento da vontade para efetivá-la. Enquanto a imaginação corre na frente para honrar Deus, a vontade pode se arrastar atrás sem que a pessoa jamais adivinhe quanto seu coração está dividido. Ela toda deve tomar a decisão antes que o coração possa conhecer alguma satisfação real. Deus nos quer inteiros e não descansará até nos ter por completo. Não há porção humana que lhe baste.

Oremos nesse sentido em detalhes, lançando-nos aos pés do Senhor e sendo sinceros em tudo o que dizemos. Ninguém que ora assim com sinceridade precisa esperar muito por indícios da aceitação divina. Deus revelará sua glória diante dos olhos do servo e colocará todos os tesouros à sua disposição, pois sabe que sua honra está segura em mãos tão consagradas.

Ó Deus, sê exaltado acima das minhas posses. Nenhum dos tesouros da terra me parecerá caro se apenas tu fores glorificado na minha vida. Sê exaltado acima dos meus amigos. Estou determinado a que permaneças acima de tudo, mesmo que eu tenha de ficar abandonado e só no meio da terra. Sê exaltado acima dos meus confortos. Embora isso signifique a perda dos confortos materiais e carregar pesadas cruzes, manterei o meu voto feito hoje diante de ti. Sê exaltado acima da minha reputação. Dá-me a ambição de te agradar mesmo que, por isso, eu precise mergulhar na escuridão e o meu nome tenha de ser esquecido como um sonho. Ergue-te, ó Senhor, ao lugar de honra que te convém, acima das minhas ambições,

EM BUSCA DE DEUS

acima dos meus gostos e desgostos, acima da minha família, saúde e até da minha vida. Que eu diminua para que tu cresças; que eu afunde para que tu possas te elevar acima de tudo. Entra em mim como entraste em Jerusalém montado em uma humilde besta, um burrinho, o potro de um burro, e deixa-me ouvir as crianças gritar para ti: "Hosana ao Altíssimo".

CAPÍTULO 9

MANSIDÃO E DESCANSO

Bem-aventurados os mansos,
porque herdarão a terra.
MATEUS 5.5 (*Almeida Revista e Atualizada*)

UMA DESCRIÇÃO BASTANTE ACURADA DA humanidade poderia ser oferecida para alguém não familiarizado com ela tomando as bem-aventuranças, invertendo-as e dizendo: "Eis a raça humana". Pois o oposto exato das virtudes expressas nas bem-aventuranças são as qualidades que distinguem a vida e a conduta humanas.

No mundo dos homens, não encontramos nada que se aproxime das virtudes sobre as quais Jesus falou nas palavras inaugurais do famoso Sermão do Monte. Em vez de pobreza de espírito, encontramos o tipo mais repulsivo de orgulho; em vez

EM BUSCA DE DEUS

de pranteadores, encontramos quem só busca prazer; em vez de mansidão, arrogância; em vez de fome de justiça, ouvimos os homens dizendo: "Sou rico e farto de bens, e não tenho necessidade de nada"; em vez de misericórdia, encontramos crueldade; em vez de pureza de coração, imaginação corrupta; em vez de pacificadores, encontramos homens belicosos e ressentidos; em vez de se regozijarem nos maus-tratos, nós os encontramos revidando com todas as armas a seu alcance.

Desse tipo de substância moral é composta a sociedade civilizada. A atmosfera está carregada dela; nós a inalamos a cada respiração e bebemos com o leite da nossa mãe. Cultura e educação refinam levemente essas coisas, mas as deixam praticamente intocadas. Um mundo literário inteiro foi criado para justificar esse tipo de vida como a única normal. E mais ainda havemos de nos maravilhar com isso ao vermos que esses são os males que transformam a vida na luta amarga que ela é para todos nós. Todas as nossas dores de cabeça e grande parte dos nossos males físicos têm origem direta nos nossos pecados. Orgulho, arrogância, ressentimento, imaginação maligna, maldade, ganância: são essas as fontes de mais dor humana do que todas as enfermidades que já afligiram a carne mortal.

Em um mundo como esse, o som das palavras de Jesus soa maravilhoso e estranho, uma visitação do alto. Que bom que ele falou, pois ninguém mais poderia tê-lo feito tão bem; e que bom que ouvimos. Suas palavras são a essência da verdade. Ele não está dando uma opinião; Jesus nunca deu opiniões. Nunca supôs; ele sabia, e sabe. Suas palavras não são como foram as de Salomão, a soma de uma sabedoria sólida ou o resultado de atenta observação. Ele falava com base na plenitude de sua divindade, e

• 110 •

Mansidão e descanso

suas palavras são em si mesmas a verdade. Ele é o único que poderia dizer "bem-aventurados" com absoluta autoridade, pois ele é o bem-aventurado vindo do·alto para conferir bênção à humanidade. E suas palavras foram sustentadas por feitos mais poderosos do que qualquer outro realizado sobre a terra por qualquer outro homem. Ouvir é sabedoria da nossa parte.

Como sempre acontecia com Jesus, ele usou a palavra "manso" em uma sentença breve e precisa, e só mais tarde a explicou. No mesmo livro de Mateus, Jesus nos conta mais sobre ela e a aplica à nossa vida. "Venham a mim, todos os que estão cansados e sobrecarregados, e eu darei descanso a vocês. Tomem sobre vocês o meu jugo e aprendam de mim, pois sou manso e humilde de coração, e vocês encontrarão descanso para as suas almas. Pois o meu jugo é suave e o meu fardo é leve" (Mateus 11.28-30). Temos aqui duas coisas contrastando uma com a outra, o fardo e o descanso. O fardo não é local, peculiar àqueles primeiros ouvintes, mas suportado pela humanidade como um todo. Não consiste em opressão política ou pobreza ou trabalho duro. É muito mais profundo que isso. É experimentado tanto pelo rico quanto pelo pobre, pois é algo de que riqueza e ociosidade jamais podem nos libertar.

O fardo carregado pela humanidade é pesado e esmagador. A palavra que Jesus empregou faz menção de uma carga sustentada ou um trabalho suportado ao ponto da exaustão. O descanso nada mais é que o simples alívio desse fardo. Não é algo que fazemos, mas o que nos sobrevém quando deixamos de fazer algo. A mansidão do próprio Cristo, isso é o descanso.

Examinemos o nosso fardo. Ele é completamente interno. Acomete coração e mente e avança para o corpo a partir de dentro.

EM BUSCA DE DEUS

Primeiro, há o fardo do orgulho. O trabalho do amor-próprio é de fato pesado. Considere se grande parte de seu sofrimento não brota de alguém falando em tom depreciativo a seu próprio respeito. Enquanto você se colocar como um pequeno deus ao qual precisa ser fiel, haverá quem se delicie em afrontar seu ídolo. Como então esperar ter paz interior? O esforço brutal do coração para se proteger de toda ofensa, para resguardar a honra melindrosa da opinião ruim do amigo e do inimigo, jamais permitirá à mente descansar. Mantenha essa luta ao longo de anos, e o fardo se tornará intolerável. Contudo, os filhos da terra carregam esse fardo o tempo todo, desafiando cada palavra proferida contra eles, encolhendo-se debaixo de cada crítica, doendo-se sob cada afronta imaginária, agitados e insones se preteridos em favor de outra pessoa.

Não há necessidade de carregar um fardo como esse. Jesus nos chama para seu descanso, e a mansidão é o método que ele utiliza. O manso não se importa nem um pouco com quem é maior do que ele, pois há muito decidiu que o apreço do mundo não vale o esforço. Desenvolve acerca de si mesmo um senso de humor benevolente e aprende a dizer: "Oh, com relação a que então você tem sido negligenciado? Preferiram outra pessoa a você? Sussurraram que no fim das contas você é algo bem pequeno? E agora se sente machucado porque o mundo está dizendo a seu respeito as mesmas coisas que você tem dito sobre si próprio? Ontem mesmo você falava para Deus que não é nada, um mero verme na poeira. Onde está sua coerência? Ora vamos, humilhe-se e pare de dar importância ao que os outros pensam".

O manso não é um rato humano afligido pelo senso da própria inferioridade. Pelo contrário, ele pode ser em sua vida moral

Mansidão e descanso

tão arrojado quanto um leão e tão forte quanto Sansão, mas parou de se enganar acerca de si mesmo. Aceitou a avaliação divina a respeito de sua vida. Sabe que é tão fraco e impotente quanto Deus declarou que ele era, mas, paradoxalmente, sabe ao mesmo tempo que é, aos olhos de Deus, mais importante do que os anjos. Em si mesmo, nada; em Deus, tudo. Esse é seu lema. Ele sabe bem que o mundo jamais o verá como Deus o vê e parou de se importar com isso. Descansa perfeitamente satisfeito em permitir que Deus ordene seus próprios valores. Será paciente em esperar o dia em que tudo receberá uma etiqueta de preço, e seu real valor virá por si mesmo. Então os justos brilharão no Reino do seu Pai. Ele está disposto a aguardar por esse dia.

Enquanto isso, ele terá alcançado um local de descanso para a alma. Caminhando em mansidão, ficará feliz em deixar que Deus o defenda. A velha luta para se defender acabou. Encontrou a paz que a mansidão dá.

Então também será libertado do fardo da simulação. Não me refiro com isso à hipocrisia, mas ao desejo humano comum de pôr à frente o melhor de si, escondendo do mundo a nossa verdadeira pobreza interior. Pois o pecado tem pregado muitas peças perversas em nós, e uma delas é infundir-nos um falso senso de vergonha. Dificilmente haverá homem ou mulher que ouse ser apenas o que ele ou ela é, sem tentar adulterar a impressão causada. O medo de ser descoberto lhe corrói o coração feito um roedor. O homem culto é assombrado pelo medo de um dia deparar com outro homem mais culto ainda. O erudito teme conhecer um homem mais estudado que ele. O rico transpira sob o medo de que suas roupas ou seu carro ou sua casa um dia pareçam baratos se comparados com os de outro homem rico.

EM BUSCA DE DEUS

A dita "sociedade" funciona impulsionada por uma motivação em nada mais nobre do que isso, e as classes mais pobres, dentro do nível que ocupam, são um pouco melhores.

Que ninguém se ria disso. Tais fardos são reais, e matam pouco a pouco as vítimas desse modo maligno e artificial de vida. E a psicologia criada por anos desse tipo de coisa faz a verdadeira mansidão parecer mais irreal do que um sonho, tão distante quanto uma estrela. A todas as vítimas da doença da corrosão, Jesus diz: "[...] a não ser que vocês [...] se tornem como crianças [...]" (Mateus 18.3). Pois as crianças não comparam; recebem o prazer direto daquilo que têm, sem o relacionar com alguma outra coisa ou pessoa. Só à medida que envelhecem e o pecado começa a se agitar em seu coração é que os ciúmes e a inveja aparecem. Então se tornam incapazes de desfrutar do que têm se alguém tiver algo maior ou melhor. Com pouca idade, o fardo corrosivo desce sobre suas tenras almas e nunca as deixa até que Jesus as liberte.

Outra fonte de fardo é a artificialidade. Tenho certeza de que a maioria das pessoas vive com o temor secreto de que um dia se descuidará e por acaso um inimigo ou amigo conseguirá espiar o interior de sua pobre alma vazia. Por isso, tais pessoas nunca relaxam. Pessoas brilhantes são tensas e vigilantes, com medo de cair na arapuca de dizer algo comum ou estúpido. Pessoas viajadas têm medo de encontrar algum Marco Polo capaz de descrever um lugar remoto onde elas nunca estiveram.

Essa condição não natural faz parte da nossa triste herança, mas nos dias de hoje ela é agravada pelo nosso modo de vida. A publicidade se baseia em grande parte nesse hábito de fazer de conta. "Cursos" são oferecidos neste ou naquele campo do

Mansidão e descanso

aprendizado humano apelando abertamente para o desejo da vítima de brilhar em uma festa. Livros são vendidos, roupas e cosméticos são disseminados, atuando-se o tempo todo sobre esse desejo de parecermos o que não somos. A artificialidade é uma maldição que cairá por terra no momento em que nos ajoelharmos aos pés de Jesus e nos rendermos à sua mansidão. Então, não nos importaremos com o que as pessoas pensam de nós, desde que Deus seja satisfeito. O que somos será tudo então; o que parecemos ocupará seu lugar bem abaixo na escala dos nossos interesses. Fora o pecado, não temos nada de que nos envergonharmos. Só o desejo nocivo de brilhar nos faz desejar parecer diferentes do que somos.

O coração do mundo está se partindo sob esse fardo de orgulho e simulação. Não existe livramento do nosso fardo fora da mansidão de Cristo. Um raciocínio aguçado pode ajudar um pouco, mas esse vício é tão forte que, se o soterrarmos em um ponto, ele surgirá em outro. A homens e mulheres de todas as partes, Jesus convida: "Venham a mim [...] e eu darei descanso a vocês" (Mateus 11.28). O descanso que ele oferece é o da mansidão, o alívio bendito que sobrevém quando nos aceitamos pelo que somos e paramos de fingir. Exigirá certa coragem a princípio, mas a graça necessária virá à medida que aprendermos que estamos compartilhando esse nosso jugo suave com o vigoroso Filho do próprio Deus. Ele o chama de "meu jugo" e caminha em uma extremidade enquanto nós seguimos na outra.

Senhor, torna-me igual a criança. Liberta-me do anseio de competir com os outros por um lugar ou por prestígio ou posição. Prefiro ser simples e ingênuo como uma criança. Liberta-me

• 115 •

EM BUSCA DE DEUS

das atitudes deliberadas e da simulação. Perdoa-me por pensar em mim mesmo. Ajuda-me a me esquecer de mim e a encontrar a minha verdadeira paz em pertencer a Ti. A fim de que possas atender a esta oração, humilho-me na tua presença. Deposita sobre mim o teu jugo suave da abnegação para que pelo teu intermédio eu possa encontrar descanso. Amém.

CAPÍTULO 10

O SACRAMENTO DO VIVER

> Assim, quer vocês comam, quer bebam, quer façam qualquer
> outra coisa, façam tudo para a glória de Deus.
> 1Coríntios 10.31

UM DOS MAIORES OBSTÁCULOS PARA a paz interior que o cristão encontra é o hábito comum de dividir a nossa vida em duas áreas, uma reservada para o sagrado e outra para o secular. Como elas são concebidas para existirem à parte uma da outra e para serem moral e espiritualmente incompatíveis, e como somos compelidos pelas necessidades da vida a passarmos de um lado para o outro, de uma para a outra parte, o tempo todo, a nossa vida interior tende a se romper, de modo que levamos uma vida dividida em vez de unificada.

EM BUSCA DE DEUS

O nosso problema nasce do fato de que nós, seguidores de Cristo, habitamos ao mesmo tempo em dois mundos, o espiritual e o natural. Como filhos de Adão, vivemos na terra, sujeitos às limitações da carne e às fraquezas e enfermidades de que a natureza humana é herdeira. O simples viver entre os homens requer de nós anos de trabalho duro e muito cuidado e atenção com as coisas deste mundo. Em franco contraste com isso, está a nossa vida no Espírito. Nela desfrutamos de outro tipo de vida, mais elevado; somos filhos de Deus; temos *status* celestial e gozamos de íntima comunhão com Cristo.

Isso tende a dividir o todo da nossa vida em dois departamentos. Aprendemos a reconhecer de maneira inconsciente dois conjuntos de ações. O primeiro é realizado com um sentimento de satisfação e a firme convicção de que essas ações são agradáveis a Deus. São os atos sagrados, entre os quais se costumam considerar a oração, a leitura da Bíblia, o canto de hinos, a frequência à igreja e outros que brotam diretamente da fé. Podem ser conhecidos pelo fato de não ter nenhuma relação direta com este mundo, e por não fazer sentido algum, exceto quando a fé nos mostra um outro mundo, "[...] uma casa eterna nos céus, não construída por mãos humanas" (2Coríntios 5.1).

Contrastando com esses atos sagrados estão os atos seculares. Neles se incluem todas as atividades ordinárias da vida que compartilhamos com os filhos e as filhas de Adão: comer, dormir, trabalhar, procurar suprir as necessidades do corpo e desempenhar os nossos deveres maçantes e prosaicos aqui na terra. Costumamos desempenhá-los com relutância e apreensão, com frequência pedindo perdão a Deus pelo que consideramos uma perda de tempo e de força. O resultado final disso é que

O sacramento do viver

nos sentimos inquietos a maior parte do tempo. Realizamos as nossas tarefas cotidianas com um sentimento de profunda frustração, dizendo a nós mesmos, pensativos, que um dia melhor se aproxima, quando descartaremos esta carapaça terrena e não mais seremos importunados pelos afazeres deste mundo.

Esta é a velha antítese sagrado/secular. A maioria dos cristãos se deixa prender nessa armadilha. Não consegue estabelecer um ajuste satisfatório entre as exigências dos dois mundos. Tenta caminhar sobre a corda bamba entre esses dois reinos e não encontra paz alguma em nenhum deles. Sua força é reduzida, sua perspectiva é confundida, e sua alegria lhe é tirada.

Creio que esse estado de coisas seja absolutamente desnecessário. Temos pela frente um dilema e tanto, com certeza, mas irreal. Trata-se de um fruto do engano. A antítese sagrado/secular não encontra fundamento algum no Novo Testamento. Não resta dúvida de que uma compreensão mais perfeita da verdade cristã nos libertará do problema.

O próprio Senhor Jesus Cristo é o nosso exemplo perfeito, e ele nunca soube o que é uma vida dividida. Na presença do seu Pai, viveu sem esforço sobre a terra da primeira infância à morte na cruz. Deus aceitou a oferta de sua vida inteira, e não fez nenhuma distinção entre um tipo de ato e outro. [...] sempre faço o que lhe agrada" (João 8.29) foi seu breve resumo da própria vida em relação ao Pai. Jesus andou entre os homens equilibrado e tranquilo. Toda pressão e todo sofrimento que ele suportou nasceram de sua posição como aquele que leva o pecado do mundo; nunca foram resultado de incerteza moral ou inadequação espiritual.

A exortação de Paulo para que façamos "[...] tudo para a glória de Deus" (1Coríntios 10.31) é mais do que idealismo piedoso.

EM BUSCA DE DEUS

É parte integrante da revelação sagrada e deve ser aceita como a própria Palavra da Verdade. Abre diante de nós a possibilidade de fazer que cada ato da nossa vida contribua para a glória de Deus. A fim de que não nos mostremos tímidos demais para incluir tudo, Paulo menciona especificamente o comer e o beber, esse humilde privilégio que compartilhamos com as bestas que perecem. Se os atos desses animais inferiores podem ser desempenhados de modo que honrem Deus, fica difícil conceber um ato que não possa fazê-lo.

O ódio ascético do corpo, figura tão proeminente nas obras de certos escritores devocionais antigos, não encontra suporte algum na Palavra de Deus. A modéstia simples é encontrada nas Sagradas Escrituras, é verdade, mas nunca o puritanismo ou um falso senso de vergonha. O Novo Testamento aceita com naturalidade que, em sua encarnação, o nosso Senhor tomou sobre si um corpo humano real, e nenhum esforço é feito para contornar as implicações evidentes desse fato. Ele viveu nesse corpo aqui entre as pessoas e nem uma vez realizou um ato não sagrado. Sua presença em carne humana varre para longe e para sempre a ideia maligna de que há no corpo humano algo inerentemente ofensivo para a divindade. Deus criou o nosso corpo, e não o ofendemos pondo a responsabilidade no lugar que lhe é devido. Ele não se envergonha da obra das próprias mãos. A depravação, o mau uso e o abuso dos nossos poderes humanos deveriam nos dar motivo suficiente para sentirmos vergonha. Os atos corpóreos praticados em pecado e contrários à natureza jamais podem honrar Deus. Onde quer que a vontade humana introduza o mal moral, não temos mais os nossos poderes inocentes e inofensivos da forma na qual Deus os fez; em seu lugar,

O sacramento do viver

temos uma vítima de abuso e distorções que jamais pode trazer glória a seu Criador.

Presumamos, no entanto, que a depravação e o abuso não estejam presentes. Vamos pensar em um crente cristão em cuja vida os gêmeos maravilhosos do arrependimento e do novo nascimento já foram introduzidos. Ele agora está vivendo de acordo com a vontade de Deus conforme a compreende com base na Palavra escrita. De tal pessoa se pode dizer que cada ato da vida é ou pode ser tão autenticamente sagrado quanto a oração ou o batismo ou a ceia do Senhor. Afirmá-lo não é levar todos os atos a um nível morto; é antes elevar cada ato a um reino vivo e converter a vida inteira em um sacramento.

Se um sacramento é a expressão exterior de uma graça interior, então não precisamos hesitar em aceitar a tese anteriormente citada. Por um ato de consagração do nosso eu total a Deus, podemos fazer que cada ato subsequente expresse essa consagração. Não precisamos ter mais vergonha do nosso corpo — o servo de carne que nos carrega vida afora — do que Jesus experimentou da besta humilde sobre a qual entrou em Jerusalém. "[...] O Senhor precisa dele" (Lucas 19.34) bem pode se aplicar ao nosso corpo mortal. Se Cristo habita em nós, podemos carregar o Senhor da glória como a pequena besta o fez há muito tempo, dando ocasião para as multidões gritarem: "[...] Hosana nas alturas!" (Marcos 11.10).

Não basta que enxerguemos essa verdade. Se quisermos fugir do esforço exaustivo do dilema sagrado/secular, a verdade deve "correr no nosso sangue" e condicionar a natureza dos nossos pensamentos. Devemos praticar vivermos para a glória de Deus, de fato e com determinação. Meditando nessa verdade, conversando sobre ela com Deus nas nossas orações frequentes,

EM BUSCA DE DEUS

recordando-nos dela a todo momento à medida que andamos entre os homens, um senso de seu significado maravilhoso começará a se apoderar de nós. A velha e dolorosa dualidade cairá por terra diante de uma unidade tranquila de vida. O conhecimento de que somos todos de Deus, de que ele recebeu tudo e não rejeitou nada, unificará a nossa vida interior e tornará tudo sagrado para nós.

E não é só isso. Hábitos antigos não se extinguem com facilidade. Será necessário um pensamento inteligente e grande quantidade de oração reverente para fugirmos por completo da psicologia sagrado/secular. Por exemplo, pode ser difícil para o cristão médio apreender a ideia de que sua labuta diária pode ser desempenhada com atos de adoração aceitáveis a Deus por Jesus Cristo. A velha antítese surgirá de repente no fundo de sua cabeça para perturbar a sua paz de espírito. Tampouco a antiga serpente, o Diabo, aceitará tudo isso passivamente. Ele estará no táxi ou junto à escrivaninha ou no campo para lembrar o cristão de que ele está dando o melhor de si para as coisas deste mundo e destinando a seus deveres religiosos apenas uma porção insignificante de seu tempo. E, a menos que se tome grande cuidado, isso criará confusão e trará esmorecimento e fará pesar o coração.

Podemos enfrentar o problema com sucesso apenas mediante o exercício de uma fé agressiva. Devemos oferecer todos os nossos atos a Deus e crer que ele os aceita. Então nos agarraremos com firmeza a essa posição e continuaremos insistindo em que cada ato de cada hora do dia e da noite seja incluído na transação. Nos nossos períodos de oração em privado, lembremos continuamente que realizamos cada ato para a glória de Deus; e então complementemos esses momentos com mil

O sacramento do viver

pensamentos/orações à medida que dermos continuidade ao trabalho de viver. Pratiquemos a fina arte de fazer de cada obra uma ministração sacerdotal. Creiamos que Deus está em todos os nossos feitos simples e aprendamos a encontrá-lo neles.

Concomitante com o erro que estamos discutindo, está a antítese sagrado/secular aplicada a lugares. Quase chega a assombrar que possamos ler o Novo Testamento e ainda crer na condição inerente de sagrados aplicada a determinados lugares, em distinção de outros tantos. Esse erro é tão difundido que só nos apercebemos dele quando tentamos combatê-lo. Tem sido uma espécie de tinta para colorir o pensamento das pessoas religiosas e lhes tem tingido também os olhos, de modo que se tornou quase impossível detectar a falácia. Diante de cada ensinamento contrário do Novo Testamento, isso tem sido dito e cantado ao longo dos séculos e tem sido aceito como parte da mensagem cristã, coisa que, com certeza, não é. Só os quacres, tanto quanto alcança o meu conhecimento, têm tido percepção para enxergar o erro e coragem para desmascará-lo.

Eis os fatos conforme os vejo. Durante quatrocentos anos, Israel habitou no Egito, cercado pela idolatria mais crassa. Pela mão de Moisés, foram finalmente libertados, partindo em direção à terra da promessa. A ideia de santidade se perdera para aquele povo. Para corrigir isso, Deus começou por baixo. Colocou-se na nuvem e na coluna de fogo e, mais tarde, quando o tabernáculo foi construído, habitou em ardente manifestação no Lugar Santíssimo. Por inúmeras distinções, Deus ensinou a Israel a diferença entre santo e profano. Havia dias santos, vasos santos, veste santas. Havia purificações, sacrifícios, oferendas de muitos tipos. Com eles, Israel aprendeu que Deus é santo.

EM BUSCA DE DEUS

Era isso o que ele lhes estava ensinando. Não a santidade das coisas ou de lugares, mas de Javé: eis a lição que eles precisavam aprender.

Veio então o grande dia em que Cristo apareceu. De imediato, ele se pôs a anunciar: "Vocês ouviram o que foi dito aos seus antepassados [...] Mas eu digo a vocês [...]" (Mateus 5.21,22). O aprendizado do Antigo Testamento terminara. Quando Cristo morreu na cruz, o véu do templo foi rasgado de alto a baixo. O Lugar Santíssimo estava aberto para todos os que se dispusessem a nele entrar em fé. As palavras de Cristo foram lembradas: "[...] está próxima a hora em que vocês não adorarão o Pai nem neste monte, nem em Jerusalém. [...] No entanto, está chegando a hora, e de fato já chegou, em que os verdadeiros adoradores adorarão o Pai em espírito e em verdade. São estes os adoradores que o Pai procura. Deus é espírito, e é necessário que os seus adoradores o adorem em espírito e em verdade" (João 4.21,23,24).

Pouco tempo depois, Paulo retomou o grito de liberdade e declarou pura toda carne, santos todos os dias, sagrados todos os lugares e aceitáveis a Deus todos os atos. A santidade dos tempos e lugares, uma meia-luz necessária para a educação da humanidade, extinguiu-se ante o sol a pino da adoração espiritual.

A espiritualidade essencial da adoração permaneceu na posse da Igreja até se perder, pouco a pouco, com o passar dos anos. Então a legalidade natural do coração caído dos homens começou a introduzir as antigas distinções. A Igreja passou a observar de novo dias, estações e tempos. Certos lugares foram escolhidos e delimitados como santos em um sentido especial. Diferenças foram observadas entre um dia ou lugar ou pessoa e outros. Os "sacramentos" primeiro foram dois, depois três,

O sacramento do viver

depois quatro, até o triunfo do romanismo, quando foram fixados em sete.

Em toda caridade, e sem nenhum desejo de refletir com indelicadeza sobre qualquer cristão, por mais desorientado que seja, eu destacaria que a Igreja católica romana representa hoje a heresia do sagrado/secular levada à sua conclusão lógica. Seu efeito mais legal é a completa segmentação introduzida entre religião e vida. Seus mestres tentam evitar essa armadilha por meio de muitas notas de rodapé e numerosas explicações, mas o instinto mental a favor da lógica é forte demais. Na vida prática, a segmentação é um fato.

Reformadores, puritanos e místicos têm trabalhado para nos libertar desse cativeiro. A tendência nos círculos conservadores hoje é voltar ao cativeiro outra vez. Diz-se que um cavalo, depois de retirado de um abrigo em chamas, às vezes, por uma estranha obstinação, fugirá de quem o resgatou e correrá de volta para o abrigo a fim de perecer em meio ao fogo. Por alguma tendência como essa, obstinada e na direção do erro, o fundamentalismo dos dias atuais se move para trás, rumo à escravidão espiritual. A observação de dias e épocas está se tornando cada vez mais proeminente entre nós. "Quaresma", "Semana Santa" e "sexta-feira gorda" são termos ouvidos com frequência crescente nos lábios dos cristãos evangélicos. Não sabemos quando estaremos livres deles.

A fim de poder compreender e não ser mal compreendido, eu deixaria muito evidentes as implicações práticas do ensino em favor do qual tenho argumentado, ou seja, a qualidade sacramental da vida cotidiana. Em contraste com seus sentidos positivos, gostaria de destacar algumas coisas que isso não significa.

EM BUSCA DE DEUS

Não significa, por exemplo, que tudo o que fazemos tem a mesma importância que todo o resto que fazemos ou podemos fazer. Um ato na vida de um bom homem pode ser muito diverso em importância do ato de outro. A fabricação de tendas por Paulo não era igual à sua redação de uma epístola aos romanos, mas as duas coisas foram aceitas por Deus e ambas constituíram atos verdadeiros de adoração. Com certeza, é mais importante levar uma alma a Cristo do que plantar um jardim, mas o plantio do jardim pode ser um ato tão santo quanto ganhar uma alma.

De novo, isso não significa que todo homem é tão útil quanto todo outro homem. Os dons são diferentes no Corpo de Cristo. Um Billy Bray não deve ser comparado a um Lutero ou a um Wesley considerando-se apenas sua utilidade para a Igreja e para o mundo; mas o serviço do irmão menos dotado é tão puro quanto o do mais talentoso, e Deus aceita ambos com igual prazer.

O "leigo" nunca precisa considerar sua tarefa mais humilde inferior à do seu ministro. Que cada um permaneça naquilo para o que foi chamado, e sua obra será tão sagrada quanto a do ministério. Não é o que uma pessoa faz que determina se sua obra é sagrada ou secular; é por que ela a faz. O motivo é tudo. Que alguém santifique o Senhor Deus em seu coração e a partir de então não poderá mais praticar nenhum ato comum. Tudo o que essa pessoa faz é bom e aceitável a Deus por intermédio de Jesus Cristo. Para ela, o próprio ato de viver será sacramental, e o mundo inteiro, um santuário. Sua vida toda será uma ministração sacerdotal. Ao desempenhar a tarefa nunca tão simples, ela ouvirá a voz do serafim dizendo: "[...] Santo, santo, santo é o SENHOR dos Exércitos, a terra inteira está cheia da sua glória"

O sacramento do viver

(Isaías 6.3). Senhor, quero confiar em ti completamente; ser teu por inteiro; exaltar-te acima de tudo. Que eu não experimente nenhum sentimento de que possuo nada senão a ti. Quero estar ciente a todo instante da tua presença que a tudo ofusca e ouvir a tua voz eloquente. Anseio por viver em tranquila sinceridade de coração. Quero viver tão plenamente no Espírito que todos os meus pensamentos possam ser como doce incenso subindo a ti e cada ato da minha vida, um ato de adoração. Por isso, oro as palavras do teu grande servo de tempos mais antigos:

"Rogo-te que purifiques a intenção do meu coração com o dom inefável da tua graça, para que eu possa te amar com perfeição e te louvar em adoração." E tudo isso creio com certeza de que tu me concederás pelos méritos de Jesus Cristo, teu Filho. Amém.

A VIDA DE A. W. TOZER

A CONVERSÃO DE TOZER A CRISTO

AIDEN WILSON TOZER NASCEU EM 21 de abril de 1897, em La Jose, uma pequenina comunidade rural na região montanhosa do oeste da Pensilvânia. Desde cedo, preferiu usar as iniciais "A. W." aos nomes de batismo.

A vida na fazenda dos Tozer era típica para a época. Formavam uma família unida. Trabalhavam juntos, divertiam-se juntos e conheciam-se muito bem uns aos outros.

Para um jovem com a ambição de enxergar o que havia atrás das cercas e colinas da Pensilvânia, a vida rural era trabalho duro e mais maçante que entusiasmante. Tozer e sua irmã mais velha, Essie, costumavam se sentar sobre um tronco de árvore caído atrás do celeiro e planejar como fugiriam dali — não que

EM BUSCA DE DEUS

fizessem alguma coisa em relação a isso, mas conversar e planejar parecia acalmar-lhes a mente.

Quando ele era adolescente, a família se mudou da fazenda para a cidade de Akron, Ohio. Tozer não era muito empolgado com a vida na fazenda, de modo que se encheu de expectativas com a possibilidade de viver na cidade.

Seu primeiro emprego, vendendo balas, amendoins e livros na estrada de ferro Vicksburg and Pacific Railroad, não foi um começo promissor. Ele trabalhava por comissão e, como preferia se sentar e ler os livros que deveria estar vendendo, seus proventos eram insignificantes. Nutria uma paixão insaciável pela leitura e uma aversão genuína pela profissão de mascate. Vender definitivamente não era seu chamado.

Ele e Essie acabaram encontrando emprego na Goodyear. A tarefa de Tozer consistia em cortar manualmente grandes pedaços de borracha bruta em pedaços menores. Tozer trabalhava à noite e, enquanto executava sua obrigação monótona, deixava um livro de poesias na frente, que memorizava enquanto lia. Se o trabalho era entediante, ainda o era menos que na fazenda em La Jose. Lembranças da fazenda representavam uma motivação forte para Tozer se sair bem na Goodyear.

Um dia, ele voltava a pé do trabalho na fábrica de borracha para casa quando reparou em uma pequena reunião de pessoas ao longo do caminho. Um senhor lhes falava. O jovem Tozer aproximou-se para investigar, curioso acerca do que o cavalheiro estava dizendo.

O orador tinha um forte sotaque alemão, mas não demorou para Tozer perceber que ele estava pregando. Logo Tozer quis saber mais sobre ele. *Esse homem não tem uma igreja na qual pregar?*

Hoje nem é domingo! Por que um homem da idade dele está assim tão entusiasmado?

As seguintes palavras do pregador o surpreenderam: "Se você não sabe como ser salvo, basta clamar a Deus, dizendo: 'Deus, tem misericórdia de mim, pecador', e ele o ouvirá".

Essas palavras arderam no coração de Tozer, e ele não conseguiu tirar a voz do pregador da cabeça. Retomando a volta para casa, ele refletiu muito sério no que o pregador dissera. Nunca ouvira uma mensagem como aquela. Aquelas palavras o perturbaram profundamente.

"Salvo", ele murmurou para si mesmo. " 'Se você não sabe como ser salvo', foi o que disse o pregador." Em casa, o jovem Tozer seguiu direto para o sótão a fim de ficar sozinho e poder pensar bem em tudo isso.

Tozer entrou no sótão um pecador condenado e saiu dali uma nova criação em Cristo Jesus. Sua conversão foi uma experiência radical, o início de uma vida nova, de um mundo novo e de uma nova perspectiva. Essa mudança o firmou na busca de Deus, e daquele momento em diante nada mais importou. Ele estava inteiramente comprometido com seguir o Senhor Jesus Cristo.

O INÍCIO DA BUSCA

A casa dos Tozer era abarrotada de irmãos e vários pensionistas, mas ele conseguiu encontrar tempo e lugar para orar e estudar a Bíblia — um pequeno canto no porão, atrás da caldeira. Limpo o local, definiu-o como lugar para se encontrar com Deus, seu Pai celestial, com regularidade. Ali conseguia ficar a sós com Deus, orar, meditar e estudar a Palavra. Esse foi o alicerce de seu ministério iminente.

EM BUSCA DE DEUS

Essie costumava ouvir o irmão gemer em oração atrás da fornalha. Na primeira vez em que isso aconteceu, ela sentiu medo, até perceber que era o irmão orando e "lutando" com Deus.

Isso estabeleceu um padrão na vida de Tozer. Ele se afastava dos demais e buscava um local silencioso em que pudesse ficar a sós com Deus. Adquiriu o hábito de levar consigo um pequeno caderno a fim de manter um diário com suas orações e as respostas de Deus para elas. Silêncio e isolamento se tornaram muito importantes para ele.

Perto dali, a igreja Grace Methodist Episcopal, de que logo ele se tornaria membro ativo, o auxiliou em sua peregrinação, embora Tozer se batizasse por imersão em uma Church of the Brethren local. A decisão de frequentar a Grace Methodist se provou feliz: foi ali que ele conheceu Ada, a futura esposa.

Ada Cecelia Pfautz, uma jovem de 15 anos recém-chegada do interior, fazia parte de um grupo que estava sendo recebido como membro da igreja. Era dever de Tozer conduzi-la até a frente no momento apropriado para a cerimônia correspondente. Ada ficou constrangida ao saber que seu acompanhante seria um rapaz de boa aparência e ainda adolescente.

"Isso é pior que um casamento", Ada cochichou com uma amiga quando Tozer se aproximou do banco em que se encontrava. Ele não pôde deixar de ouvir o comentário, o que encabulou ainda mais a menina.

Após o culto matutino, a mocidade da igreja planejara um piquenique seguido de estudo bíblico e uma tarde social no salão da igreja. Tozer, que não era de deixar passar as oportunidades, convidou Ada para acompanhá-lo à reunião.

A vida de A. W. Tozer

"Oh, não", ela objetou. "Eu não poderia fazer isso. Preciso voltar correndo para casa; a minha mãe está me esperando."

"Bem", Tozer insistiu, "há um telefone logo ali. Por que você não liga para a sua mãe e diz que um rapaz muito simpático a levará para casa mais tarde?".

Ada riu. Os argumentos de Tozer prevaleceram. Ela ficou, e de fato ele a levou para casa naquela tarde. A bem da verdade, em pouco tempo Tozer se tornava um visitante regular na residência dos Pfautz.

Foi Kate Pfautz, mãe de Ada, quem, um ano e meio após a conversão de Tozer a Cristo, orou com ele para que fosse cheio do Espírito Santo.

"Meu rapaz", disse a sra. Pfautz, "você precisa se ajoelhar e morrer para si mesmo antes que o Espírito Santo o encha". Ela confirmou a declaração com instruções detalhadas e paciente perseverança. Uma noite na casa dela, Tozer se ajoelhou junto ao sofá, e Kate o acompanhou em oração. No mesmo instante, ele foi cheio com o Espírito Santo.

"Eu tinha 19 anos", Tozer recordou, "e orava com fervor quando fui batizado com uma poderosa infusão do Espírito Santo". Mais tarde, em um sermão, ele relatou a experiência à sua congregação.

"Sei com certeza o que Deus fez por mim e dentro de mim. Naquele momento, nada do lado de fora tinha significado importante para mim. Em desespero e fé, dei um salto para longe de tudo o que era insignificante e para junto do que mais importava: ser possuído pelo Espírito do Deus vivo.

"Qualquer obra pequenina que Deus tenha realizado por meu intermédio e por meio do meu ministério para ele remonta àquela hora em que fui cheio com o Espírito. Por isso, rogo em favor da vida espiritual do Corpo de Cristo e dos ministérios eternos do Espírito eterno por meio dos filhos de Deus, seus instrumentos."

Mais tarde, Tozer produziria ampla literatura sobre o assunto do enchimento do Espírito Santo.

"Nem no Antigo nem no Novo Testamentos, nem no testemunho cristão como encontrado nos escritos dos santos, até onde me permite o meu conhecimento, jamais um crente foi cheio com o Espírito Santo sem que soubesse que isso lhe tinha acontecido. Tampouco que não soubesse quando aconteceu. E ninguém jamais foi cheio pouco a pouco.

"Atrás dessas três árvores, muitas almas abatidas têm tentado se esconder da presença do Senhor como fez Adão, mas elas não são esconderijos bons o suficiente: a pessoa que não sabe quando foi cheia nunca foi cheia (embora, claro, seja possível se esquecer da data). E a pessoa que espera ser cheia aos poucos jamais será cheia em absoluto."

Que mãe não se sentiria feliz em dar as boas-vindas a um genro assim em sua família? Em 26 de abril de 1918, três anos depois que Tozer e Ada se encontraram pela primeira vez e cinco dias depois do 21º aniversário dele, Aiden Wilson Tozer e Ada Cecelia Pfautz se tornaram marido e mulher.

A essa altura, Tozer era um ativo pregador de rua também. Quase toda noite ele se encontrava envolvido com reuniões de rua. Se seus sermões não eram modelos de um inglês bem falado, ao menos ele dava início a seu ministério e adquiria valiosa experiência.

Contudo, isso não estava de acordo com o modo de pensar da Grace Methodist Episcopal. Eles não ficaram particularmente satisfeitos com a direção que Tozer estava dando à sua vida. Não que a igreja se opusesse ao evangelismo, ou a que um de seus membros se dedicasse ao ministério, mas a rua não era lugar para isso, segundo lhe disseram, e quem aspirava ao ministério deveria seguir o curso da faculdade e do seminário.

Nesse meio-tempo, Tozer conheceu alguns evangelistas que se apresentaram como membros de uma igreja próxima, a Christian and Missionary Alliance. O nome era um trava-língua, ele concluiu, mas seus membros demonstravam extremo interesse pelo evangelismo — exatamente como ele. Várias equipes da igreja ocupavam as esquinas das ruas para fazer o que Tozer e alguns amigos já faziam. Ele e a esposa decidiram visitar a igreja, onde conheceram o pastor, o reverendo Samuel M. Gerow, responsável por organizar a juventude da igreja em equipes evangelísticas que promoviam reuniões nas ruas de toda a cidade.

Na volta para casa, Tozer anunciou a Ada: "Essa é a igreja que frequentaremos de agora em diante. Gosto dela". A questão estava decidida. Em pouco tempo, tanto Tozer quanto a esposa se tornavam participantes ativos na vida e no ministério da Christian and Missionary Alliance.

CHAMADO PARA O MINISTÉRIO

Em 1919, Tozer, sem nenhuma educação teológica formal, foi chamado para pastorear uma pequena igreja que funcionava em uma loja voltada para a rua de um centro comercial de Nutter Fort, um pequeno lugarejo situado nas colinas da Virgínia Ocidental. A partir desse início humilde, Tozer e sua jovem esposa começaram um ministério que continua a influenciar

EM BUSCA DE DEUS

pessoas até os dias de hoje. Mais tarde, ele serviu em igrejas de Indiana e Ohio. Os Tozer levavam um estilo de vida simples com seus sete filhos — seis meninos e uma menina.

Nos primeiros dias de ministério, era difícil conseguir dinheiro. Mesmo assim, os Tozer firmaram um pacto de confiar em Deus em todas as suas necessidades. Ele dizia: "Estamos convencidos de que Deus pode enviar dinheiro a seus filhos que creem — mas é um tanto vergonhoso entusiasmar-se com o dinheiro e deixar de dar glórias a seu Doador!".

Após vários anos de ministério na Virgínia Ocidental, o conselho da Christian and Missionary Alliance examinou o jovem Tozer visando sua ordenação. A essa altura, ele não contava com nenhuma educação formal, muito menos com um diploma universitário. Depois de entrevistá-lo, a comissão pediu que ele saísse e discutiu seus méritos. Um pastor comentou: "Não creio que o ministério desse homem algum dia dará algum fruto". A maioria concordava, mas um deles os convenceu a aceitá-lo para a ordenação, apesar da falta de qualificação.

Depois de servir em igrejas da Virgínia Ocidental, de Ohio e de Indiana, a próxima investida de Tozer demandou prazo mais longo. Durante trinta e um de seus quarenta e quatro anos de ministério ele adquiriu projeção como pastor da igreja Southside Alliance em Chicago, Illinois. Serviu ali de 1928 a 1959 como pastor, escritor, editor, líder denominacional e conferencista sobre temas da Bíblia. Para muita gente, foi um confiável mentor espiritual.

Ir para Chicago não fora uma tarefa fácil. Tozer desfrutava de um ministério maravilhoso em Indianapolis e relutou em partir. A igreja de Chicago era muito pequena, adorando dentro

A vida de A. W. Tozer

de uma garagem adaptada. Em todos os aspectos, representava um retrocesso.

Por fim, convenceram-no a ir pregar em um domingo. O que quer que tenha acontecido naquela semana, Tozer mudou de ideia sobre ir para Chicago. Mal sabia ele qual ministério o aguardava ali.

Um ilustrador comercial, Francis Chase, compareceu ao primeiro culto de Tozer na igreja de Chicago e disse: "Ele [Tozer] falou bem pouco, e eu não esperava grande coisa. Achei-o franzino, dono de muito cabelo preto, e com certeza estava longe de ser alguém que seguia a última moda, como se diz. Usava uma gravata preta de menos de quatro centímetros de largura. Seus sapatos eram antiquados mesmo para a época: de cano alto com abas dobradas bem para cima. Apresentei-o e deixei a plataforma. Ele não falou nada sobre se sentir contente por estar ali ou alguma outra frase padrão que se costuma dizer em tais ocasiões. Simplesmente apresentou o tema de seu sermão, que era 'A abadia de Westminster de Deus', baseado no capítulo 11 de Hebreus". Francis Chase se tornou amigo íntimo de Tozer no decorrer dos anos.

No período que passou em Chicago, Tozer manteve sempre uma agenda muito apertada. A fim de fugir e ter algum tempo com Deus, costumava embarcar em um trem para o oeste e viajar cerca de quatro horas. Acomodava-se em um carro-leito, o que lhe garantia privacidade durante o percurso. Nessas quatro horas a sós, ajoelhava-se diante de Deus com uma Bíblia aberta na frente. Eram tempos preciosos de intimidade com Deus. Ninguém podia interrompê-lo ou encontrá-lo.

Após quatro horas de viagem, ele pegava outro trem de volta para Chicago por mais quatro horas a sós com Deus.

EM BUSCA DE DEUS

Nesses períodos de oração e meditação, Tozer com frequência escrevia ensaios, editoriais e sermões. Estes se provaram alguns de seus momentos mais produtivos.

Tozer permaneceu em Chicago até 1959. A vizinhança mudara drasticamente, e a igreja precisou se transferir para os subúrbios. Ele não achava que, com sua agenda de trabalho, seus escritos e palestras, sobrava-lhe tempo para fazer justiça à igreja. Em 1959, abdicou de seu cargo em Chicago e planejou ir para a cidade de Nova York passar o resto dos seus dias escrevendo, editando e falando em conferências.

Não haveria de ser esse o caso. A liderança de uma igreja em Toronto convenceu-o a ir para lá e liderar. Ele aquiesceu, mas apenas por algum tempo e só para pregar; outros teriam de administrar a igreja. Os canadenses concordaram, e esse compromisso temporário se converteu em quatro de seus anos mais produtivos de ministério.

O último pastorado de Tozer foi na igreja de Avenue Road em Toronto, Canadá (1959-1963).

A CANETA DE UM ESCRITOR PREPARADO

Tozer sempre buscou e ministrou para os que tinham fome de Deus. No livro *Em busca de Deus*, ele escreveu: "Dirijo o meu apelo àqueles previamente ensinados em segredo pela sabedoria de Deus; falo aos corações sedentos cujo anseio tem sido despertado pelo toque divino em seu interior, de tal modo que dispensam qualquer prova lógica. Seu coração inquieto fornece toda prova de que necessitam".

Durante treze anos (1950-1963), Tozer atuou como editor da *The Alliance Weekly*, a publicação oficial da Christian and

• 138 •

A vida de A. W. Tozer

Missionary Alliance. O periódico recebeu um novo título em 1958, quando se tornou *The Alliance Witness*, que depois passou para *Alliance Life* em 1987. Sob a liderança de Tozer, a revista prosperou e sua circulação dobrou.

O primeiro editorial redigido por ele estabeleceu o tom do resto de sua editoria. "Custará alguma coisa caminhar devagar no desfile das eras, enquanto pessoas entusiasmadas correm para todo lado confundindo movimento com progresso. Mas será pago no longo prazo, e o verdadeiro cristão não está muito interessado em nada menos que isso."

The Alliance Witness, mais do que qualquer outra coisa, ajudou a estabelecer Tozer como porta-voz da igreja evangélica como um todo. Muitos assinaram a revista principalmente para ler os editoriais proféticos de Tozer, também publicados na Grã-Bretanha pela revista *The Life of Faith*. H. F. Stevenson, editor de *The Life of Faith*, disse: "Seu [de Tozer] estudo do cenário contemporâneo era tão relevante para a Grã-Bretanha quanto para seu país, de modo que seus artigos e livros eram lidos com avidez aqui também".

O dr. Nathan Bailey, ex-presidente da Christian and Missionary Alliance, impressionou-se de igual modo com o frescor dos escritos de Tozer, declarando: "Em seus escritos, ele deixou o superficial, o óbvio e o trivial para os outros atacarem, aplicando-se ao campo do estudo e da oração que resultou em artigos e livros capazes de atingir o fundo do coração das pessoas".

Tozer escreveu muitos livros também, todos oriundos de um coração sobre o qual havia um peso profundo. Ele tinha uma mensagem de Deus e a consciência de que ela precisava

EM BUSCA DE DEUS

ser entregue. No prefácio a *The Divine Conquest*[15] (agora intitulado *The Pursuit of Man*), Tozer explicou: "A visão da igreja que se esvai à minha volta e a operação de um novo poder espiritual dentro de mim criaram uma pressão impossível de resistir. Se algum dia o livro atingirá ou não um grande público, ainda assim precisa ser escrito, mesmo que por não outra razão que para o alívio de um fardo insuportável sobre o coração".

Sua última obra literária foi concluída pouco antes de sua morte e publicada postumamente vários meses depois. Intitulava-se *The Christian Book of Mystical Verse* e era a compilação de uma abundância de poesia mística que abençoara o coração de Tozer ao longo dos anos.

Na introdução do livro, Tozer escreveu: "O termo 'místico' que aparece no título deste livro se refere à experiência espiritual pessoal, comum aos santos dos tempos bíblicos e bastante conhecida de multidões de pessoas na era pós-bíblica. Refiro-me à mística evangélica que o evangelho tem trazido à íntima comunhão com a divindade. Sua teologia não é nada mais, nada menos que a ensinada nas Escrituras cristãs. O termo percorre a estrada elevada da verdade por onde caminharam os antigos profetas e apóstolos, e por onde, ao longo dos séculos, caminharam mártires, reformadores, puritanos, evangelistas e missionários da cruz. Difere do cristão ortodoxo comum apenas porque experimenta sua fé nas profundezas de seu ser senciente, enquanto os outros não o fazem. Existe em um mundo de realidade espiritual. Tem tranquila, profunda e às vezes quase embevecida consciência da presença de Deus em sua natureza

---

[15] TOZER, A. W. **A conquista divina.** São Paulo: Mundo Cristão, 1987.

e no mundo que o rodeia. Sua experiência religiosa é algo elementar, tão antigo quanto o tempo e a criação. É o contato imediato com Deus pela união com o Filho eterno. É reconhecer aquilo que transcende o conhecimento".[16]

Tozer vivenciou um profundo senso de Deus a envolvê-lo em reverência e adoração. Seu único exercício diário era a prática da presença de Deus, buscando-a com toda a sua força e energia. Para ele, Jesus Cristo era um milagre diário, um assombro recorrente e uma perplexidade contínua de amor e graça.

Às vezes, enquanto orava, Raymond McAfee, um amigo de longa data, ouvia Tozer fazendo o barulho do farfalhar de folhas de papel. Depois de abrir um olho e espiar o que estava acontecendo, descobria Tozer de lápis na mão, escrevendo. Ao mesmo tempo que orava, seu amigo tivera uma ideia que queria deixar registrada.

Tozer se encontrava regularmente com a equipe da igreja para orar. Uma vez, durante uma dessas reuniões de oração, ele se prostrou no chão em uma conversa profunda com Deus. O telefone tocou. Tozer interrompeu a oração para atender. Conversou por vinte minutos com um pastor, dando-lhe todos os tipos de instruções e conselhos que ele mesmo nunca seguiu — sobre tirar folgas, sair de férias e assim por diante. A equipe se limitou a permanecer sentada, ouvindo e rindo baixinho, pois Tozer nunca tirou férias na vida. Após desligar o telefone, ele voltou à posição no chão e retomou de onde parara: "Bem, Deus, como eu estava dizendo...".

---

[16] TOZER, A. W. **The Christian Book of Mystical Verse**. Harrisburg, PA: Christian Publications, Inc., 1963.

EM BUSCA DE DEUS

Era um homem de oração e costumava comentar: "Como o homem ora, assim ele é". Seu ministério inteiro fluía de fervorosa oração.

A VOZ DE UM PROFETA

Seus sermões eram poderosos, e seus livros excepcionais estabeleceram-no como um escritor devocional clássico. Além disso, Tozer tinha um programa de rádio que ia ao ar pela WMBI — a estação do Instituto Bíblico Moody em Chicago. Seu programa se chamava "Conversas do Estúdio de um Pastor", com transmissões a partir do estúdio de Tozer na igreja Southside Alliance. Por causa do programa, ele recebia convites frequentes para ministrar em faculdades teológicas na região de Chicago, o que lhe agradava muito.

Para compreender Tozer, é preciso fixar o foco em sua vida devocional. Para ele, a doutrina correta não bastava. Como ele observou: "Pode-se ser reto como o cano de uma arma em teologia e igualmente vazio em espiritualidade". Quando pregava e ensinava, não dava ênfase à teologia sistemática; antes, salientava a importância do relacionamento pessoal com Deus — tão pessoal e tão irresistível a ponto de cativar por inteiro a atenção da pessoa. Tozer ansiava pelo que chamava de uma "alma consciente de Deus" — um coração em chamas por Deus.

Com dedicação, Tozer convidava os evangélicos a retornarem às posições que tinham caracterizado a Igreja na época em que ela era mais fiel a Cristo e sua Palavra. Conquanto suas mensagens fossem profundas e sóbrias, ele costumava temperá-las com um maravilhoso senso de humor. Contudo, sempre teve o cuidado de manter esse humor fora dos seus livros.

Tozer amava a comunhão com Deus. Certa vez escreveu: "Descobri que Deus é cordial, generoso e de fácil convivência em todos os sentidos". Em estilo semelhante, declarou: "O trabalho que não nasce da adoração é fútil e só pode ser madeira, feno e palha no dia em que será provada a obra de todo homem".

Tozer amava os hinos e montou uma extensa coleção de hinários antigos. Costumava usá-los na meditação e na leitura devocional. Costumava aconselhar as pessoas a providenciarem um hinário — "mas nada com menos de cem anos de idade". Em um artigo para *The Alliance Witness*, ele escreveu: "Depois da Bíblia, o livro mais valioso para o cristão é um bom hinário. Que todo jovem cristão passe um ano meditando em atitude de oração só sobre os hinos de [Isaac] Watts e [Charles] Wesley e se tornará um excelente teólogo. Deixem-no então entregue a uma dieta balanceada de puritanos e místicos cristãos. Alcançará resultados mais maravilhosos do que jamais poderia ter sonhado".

Tozer criticava o entretenimento nas igrejas, o que o tornou menos popular e dono de certa má fama entre alguns cristãos. Essa atitude derivava de sua grande consideração pela adoração, a qual ele achava que era frequentemente violada pelas tentativas de proporcionar entretenimento para o povo de Deus. Na sua opinião, esta devia ser pura e imaculada por assuntos mundanos.

Tozer se preocupava muito com as maneiras pelas quais a mundanidade estava se intrometendo na Igreja e afetando os cristãos. Era mais crítico ainda de algumas formas de evangelismo, que lhe pareciam rebaixar os padrões defendidos pela Igreja.

EM BUSCA DE DEUS

PREGANDO A PALAVRA

O objetivo de Tozer ao pregar era levar o ouvinte diretamente para a presença de Deus. Para isso, tudo o que desviasse a atenção da mensagem, e principalmente de Deus, era cortado sem dó nem piedade.

Em oração, Deus colocava um peso no coração de Tozer. Depois, com o passar do tempo, ele pregava uma série de sermões relacionados com esse peso. Caso se encontrasse longe do próprio púlpito, Tozer pregava os mesmos sermões. Às vezes o peso dado por Deus aumentava, e Tozer se curvava debaixo dele, a ponto de não conseguir encontrar alívio nem na pregação. Isso então o levava a escrever, e seu fruto acabava tomando a forma de um livro.

O método de pregação de Tozer compreendia a declaração vigorosa de princípios bíblicos, jamais se resumindo ao mero estudo vocabular, a esboços ou estatísticas inteligentes. Ouvindo seus sermões gravados ou lendo qualquer um de seus muitos livros, o observador notará a ausência de aliteração, comum em muitos pregadores. Seu estilo era a exposição simples da verdade, com a naturalidade com que uma flor se abre à luz do sol.

De acordo com Tozer, todo pregador deve desenvolver o hábito de "ler bons materiais". Ele insistia em que as pessoas voltassem para os clássicos, dizendo: "Leia alguns dos grandes autores puritanos e alguns místicos. Leia e memorize boa poesia. Note como esses autores se expressavam. Tenha consciência da palavra. Preste atenção nos termos empregados e no efeito que causam. Arranje um bom dicionário e use-o com frequência. Sempre que deparo com uma palavra com a qual não estou familiarizado, procuro-a na mesma hora e a estudo.

A vida de A. W. Tozer

Com um vocabulário amplo, você consegue ser preciso no que diz. Nada substitui o emprego da palavra certa. [Gustave] Flaubert (1821-1880) costumava dizer que não existem sinônimos. Encontre a palavra certa e use-a".

Marca registrada na pregação de Tozer era que ele sempre parecia ter a palavra certa à disposição. O salmo 104, uma meditação sobre a majestade e a providência de Deus, fazia palpitar o coração de Tozer, que pregava sempre a respeito. No fim de um desses sermões, um membro da congregação declarou: "Ele superou Davi!".

Com relação a suas pregações, o próprio Tozer dizia: "Gosto de comparar o pregador a um artista. O artista trabalha com água, óleo, areia, pedra, ouro, vidro. Por sua vez, o pregador trabalha com uma matéria chamada espécie humana. O artista tem uma ideia de beleza abstrata e busca reproduzi-la em coisas visíveis, concretas. O pregador tem Cristo e procura torná-lo visível nas vidas humanas. O artista conta com a genialidade, ao passo que o pregador depende do Espírito Santo. O artista extrai sua inspiração de outros artistas, enquanto o pregador a extrai da oração a sós com Deus.

"As ferramentas do artista são pincéis, cinzéis, tinta. Mas as ferramentas do pregador são as palavras. Noventa e nove por cento de seu culto público dependerá do uso de palavras. O pregador, como o artista, deve dominar suas ferramentas. Precisa se empenhar e trabalhar e lutar pela maestria nessa área. A princípio, fará tentativas desajeitadas, mas, se insistir, acabará se tornando um *expert*".

Em relação aos preparativos para pregar, Tozer comentou: "Muitas vezes chego aqui ao meu estúdio tão sem inspiração

EM BUSCA DE DEUS

quanto um pedaço de telha queimada. Tenho deveres editoriais, o ministério de pregação na igreja, mais compromissos para pregar fora. Ao chegar aqui, costumo me ajoelhar junto daquele sofá velho ali com a minha Bíblia e um hinário. Leio um trecho das Escrituras, canto baixinho alguns hinos e em pouco tempo o meu coração está adorando a Deus. O Senhor começa a se manifestar a mim e a despejar conteúdo dentro da minha alma. Em pouco tempo, pego um lápis e começo a tomar nota de esboços e rascunhos de editoriais e sermões".

É evidente que ele era um defensor da fé uma vez entregue aos santos. Certa vez Tozer fez a seguinte declaração: "Creio que tudo está errado até Deus endireitar".

A IMPORTÂNCIA DA ADORAÇÃO

Tozer escreveu: "Adorar é sentir no coração e expressar de modo apropriado um senso humilhante, mas delicioso de deslumbramento admirado, de maravilhamento estupefato e de amor avassalador na presença do mistério mais antigo, da majestade que filósofos chamam de causa primeira, mas que nós chamamos de Pai nosso que está no céu".

A fome de Tozer por Deus o levou a refletir nos místicos cristãos. Neles encontrou um profundo conhecimento de Deus e um amor cativante por ele que o impeliu a ir mais fundo com Deus. Tozer declarou: "Essas pessoas conhecem Deus; quero conhecer o que elas sabem sobre ele e como vieram a sabê-lo".

Raymond McAfee foi pastor associado de Tozer, diretor de coral e líder de louvor em Chicago por quinze anos. Eles se encontravam com frequência a fim de orar e conversar. McAfee escreveu: "Em um dia do qual jamais me esquecerei, Tozer se ajoelhou junto a uma cadeira, tirou os óculos, colocou-os sobre o assento e apoiou o corpo sobre os tornozelos. Juntou as mãos, ergueu o rosto com os olhos fechados e começou: 'Ó Deus, estamos diante de ti'. Bastou dizer isso para que uma torrente da presença de Deus enchesse literalmente a sala. Adoramos a Deus em êxtase silencioso, maravilhados e reverentes".

McAfee continuou: "Nunca me esqueci daquele momento e não quero esquecê-lo. A lembrança paira na minha mente, quase com o mesmo frescor e a mesma vivacidade daquela manhã. Esse, para mim, era o dr. Tozer".

Uma vez, em uma conferência especial na qual Tozer seria o orador principal, ele não estava presente quando o culto começou. O líder do louvor imaginou que talvez ele estivesse um pouco atrasado, mas acabaria chegando a tempo de pregar. No entanto, na hora do sermão, ninguém sabia por onde andava Tozer, de modo que um substituto precisou tomar seu lugar.

No dia seguinte, o líder do louvor cruzou com Tozer e, meio em tom de brincadeira, disse: "Acho que o senhor faltou ao seu compromisso na noite passada, não foi?".

Sem sorrir, Tozer se limitou a responder: "Na noite passada, eu tinha um compromisso mais importante".

Depois esse líder descobriu que Tozer ficara o dia e a noite anteriores inteiros em oração, de joelhos diante de Deus. Esse era seu comprometimento com a comunhão com o Senhor.

Tozer, claro, não era um ser humano perfeito. Quem é? A tendência para a reclusão ocasional e a agenda pesada deixavam pouco tempo para a esposa, Ada, e os filhos.

Muitos, incluindo membros de sua própria casa, não o compreendiam de verdade, menos ainda quando ele insistia

EM BUSCA DE DEUS

em ficar só com tanta frequência. Algumas pessoas chegavam a considerá-lo um pouco estranho, mas o que os outros pensavam a seu respeito não o incomodava nem um pouco. Sua principal preocupação era a adoração a Deus, e nada mais importava para ele.

Com certeza, Tozer dançava ao som de uma música muito peculiar, mas não como um rebelde poderia fazer. Acontece que sua fidelidade era inteiramente a Jesus Cristo. A família, os amigos e até o ministério tinham de se contentar com o assento traseiro, quando se tratava de sua busca de Deus. Ele deu a um de seus ensaios o título "O santo deve andar só", oferecendo-nos com isso *insights* importantes sobre seus pontos de vista e prioridades.

De quando em quando, ele comparecia à mesa do jantar da família, em especial depois que os filhos já tinham se retirado, e não proferia uma palavra — não porque estivesse com raiva de alguém, mas porque estava muito concentrado em Deus, recusando-se a violar essa concentração mesmo que fosse para ter comunhão com a família e os amigos em volta da mesa. À luz disso, depreende-se que Tozer não dedicava muito tempo refinando seu comportamento social.

Ele adorava se enclausurar com Deus. Cultivava a habilidade de se concentrar nele todos os dias. Agindo assim, aquietava seu coração e adorava e cultuava o Pai celestial.

Nas conferências, muitas vezes parecia preocupado com alguma coisa, o que de fato era o caso; estava meditando em algum aspecto do Deus que tanto amava. Contava às pessoas que sonhava com Deus também, de modo que seu foco em Deus permanecia até depois que ia dormir!

A vida de A. W. Tozer

Tozer era generoso em compartilhar as lições que aprendera por meio da adoração com todos os que demonstrassem interesse. Tinha a firme convicção de que o ministério precisava fluir da adoração e de que toda obra que não fluía da adoração era inaceitável para Deus.

Nunca se deixou enredar em questões sociais ou políticas, embora tivesse opiniões bastante fortes em relação a várias delas. Como ministro do evangelho, contudo, entendia que sua tarefa era pregar as boas-novas e levar as pessoas a Jesus. Por isso seus escritos mantêm hoje o mesmo frescor de quando foram compostos; eles apelam para as necessidades essenciais dos seres humanos, independentemente da época em que vivem.

EM BUSCA DE DEUS

Em 1945, o dr. Tozer estava seguindo uma linha particular da verdade bíblica em suas pregações. Pouco antes, tivera um encontro renovado com Deus, de modo que compartilhava dessa importante experiência com a congregação. Esses sermões foram ricamente abençoados por Deus, e a igreja de Chicago foi profundamente afetada por eles.

Ao pregar para outras plateias, ele continuou a compartilhar sua experiência. Sentia uma estranha pressão se avolumando em seu interior quando pregava esses sermões. A princípio, o fenômeno o confundiu, mas, após longas horas de oração e meditação, começou a perceber como Deus o estava conduzindo.

Tozer lutava debaixo da pressão crescente do primeiro desses pesos quando recebeu um convite para pregar em McAllen, Texas — longe de casa, próximo da fronteira mexicana. Viu nisso

EM BUSCA DE DEUS

uma oportunidade. A longa viagem de trem a partir de Chicago lhe permitiria um tempo generoso para pensar e escrever.

Embarcando no carro-leito na velha estação da LaSalle Street, Tozer pediu ao carregador uma pequena escrivaninha para sua cabine. Ali, tendo apenas a Bíblia à sua frente, pôs-se a escrever. Por volta de 9 horas da noite, o carregador bateu na porta. "Última chamada para o jantar", anunciou. "O senhor gostaria que eu trouxesse alguma coisa para comer?".

"Sim", Tozer respondeu. "Por favor, traga-me algumas torradas e chá". Com apenas torradas e chá para alimentar-lhe o físico, continuou a escrever. Fez isso a noite inteira. As palavras lhe acorriam tão rápido quanto conseguia anotá-las. O manuscrito quase se redigia por si só, tão tomado pelo assunto Tozer se encontrava. Cedo na manhã seguinte, quando o trem parou em McAllen, um rascunho rudimentar de *Em busca de Deus* estava terminado.

A principal tese de *Em busca de Deus* é alcançar o verdadeiro objetivo do coração em Deus. Embora Tozer abordasse seu tema de vários ângulos, nunca se afastou do central — Deus, o relacionamento humano com ele e como manter esse relacionamento. Um crítico observou: "O estilo é natural, livre e fluente, abundante em orações vigorosas, características da escrita de Tozer. Em alguns capítulos, o andamento é mais imponente, e o tom, um tanto filosófico. Desperta o pensamento e a expectativa, e, conquanto jamais seja pesado, é profundo".

Em busca de Deus projetou Tozer para a vanguarda daquele que, em 1948, ainda era um grupo relativamente pequeno de escritores evangélicos. Os leitores correram a comprar exemplares do livro: ali estava uma mensagem perspicaz para o século XX, escrita em um estilo revigorante e diferente.

O reverendo H. M. Shuman, ex-presidente da Christian and Missionary Alliance e também editor da *Alliance Weekly*, comentou: "Este livro é místico — no melhor sentido. Com certeza não é do tipo inexpressivo, negativo, lúgubre, melancólico de grande parte do misticismo religioso dos primeiros tempos. É um modelo vigoroso de meados do século XX do verdadeiro misticismo cristão, se de fato lhe aplicarmos o termo. Sua linguagem, abordagem e essência pressagiam um tipo viril de cristianismo espiritual no meio do materialismo e da sensualidade".

O sucesso do livro foi uma agradável surpresa para Tozer. Em resposta a uma carta expressando particular apreciação, ele escreveu: "Depois de ler sua carta, restam-me poucas palavras. Sinto-me tanto agradecido quanto intimidado. 'Isso é obra do Senhor; é maravilhoso aos nossos olhos.' A bênção que repousa sobre este pequeno livro é tão maior do que eu ousara esperar que não posso dizer que Deus o esteja abençoando em razão das minhas orações".

Depois de mais de sessenta e cinco anos, *Em busca de Deus* ainda é requisitado e publicado em diversas línguas. Continua fazendo o que Tozer quis que ele fizesse de um modo extraordinário e maravilhoso: indicar ao leitor a direção para alcançar o verdadeiro objetivo do coração em Deus.

O LEGADO DE TOZER

O legado deixado por Tozer se encontra na majestade de Deus. Seu desejo supremo era exaltar o Senhor Jesus Cristo. "Se você se especializar em conhecer Deus", ele escreveu certa vez,

EM BUSCA DE DEUS

"e cultivar um senso da sua presença na vida diária, e fizer o que o irmão Lawrence aconselha, ou seja, 'praticar a presença de Deus' todos os dias e tentar conhecer o Espírito Santo nas Escrituras, você percorrerá um longo caminho servindo à sua geração por Deus. Nenhum homem tem direito de morrer até que tenha servido à própria geração".

Muita gente, incluindo o dr. Louis L. King (presidente da Christian and Missionary Alliance), Leonard Ravenhill e o dr. Stephen F. Olford, considerou Tozer um profeta para o Corpo de Cristo. Por ser um homem de Deus tão respeitado, muitos o procuravam para lhe pedir a opinião e conselhos, inclusive alunos da Faculdade Wheaton.

Ao longo de alguns anos seguintes, a reputação e o ministério de Tozer gozaram de um crescimento constante. Muitos o convidaram para dar conferências, comparecer a acampamentos bíblicos de verão e a reuniões cristãs de todos os tipos. As pessoas iam a seu estúdio em busca de conselho — gente como o jovem evangelista Billy Graham e o político Mark O. Hatfield — por saber que ele era um homem próximo de Deus.

Ele disse: "Anos atrás, orei para que Deus aguçasse a minha mente e me capacitasse a receber tudo o que ele queria me dizer. Então orei para que Deus ungisse a minha cabeça com o óleo do profeta para que tivesse condições de repassar tudo às pessoas. Essa única oração tem me custado muito desde aquela época, posso garantir. Nunca façam uma oração dessa, a menos que falem sério e, se quiserem ser felizes, mais uma vez, não a façam".

Perto do fim de seu ministério, Tozer pediu orações à sua congregação. Ele disse: "Orem por mim à luz das pressões do nosso tempo. Orem para que eu não chegue simplesmente a

A vida de A. W. Tozer

um fim enfadonho — um velho pregador cansado, exausto, interessado apenas em sair ao encalço de um lugar para repousar. Orem para que eu me disponha a deixar que a minha experiência cristã e os meus padrões cristãos tenham algum proveito até o último suspiro!".

O resto de sua vida e ministério provou como Deus atendeu de modo maravilhoso a essa oração.

Em 12 de maio de 1963, os trabalhos terrenos de A. W. Tozer terminaram. Sua fé na majestade de Deus se converteu em visão quando ele entrou na presença do Senhor. No funeral, sua filha Becky disse: "Não consigo sentir tristeza. Sei que papai está feliz; ele viveu em função disso a vida inteira".

Embora sua presença física tenha sido retirada de nós, Tozer continuará a ministrar aos que têm sede das coisas de Deus. Alguns se referem a ele como a "consciência do evangelicalismo". Como tal, ele reconheceu que o cristianismo moderno navega através de denso nevoeiro espiritual e apontou para as rochas em que poderia bater caso persistisse no rumo. Sua intenção espiritual o capacitava a sentir o erro, nomeá-lo pelo que ele era e rejeitá-lo — tudo em um ato decisivo.

Tozer foi sepultado no cemitério Ellet em Akron, Ohio. Seu epitáfio apresenta uma descrição precisa de sua vida: "A. W. Tozer — um homem de Deus".

Biografia adaptada de *The Life of A. W. Tozer: Pursuit of God*, de James L. Snyder.

Esta obra foi composta em *Constantia*
e impressa por Gráfica Exklusiva sobre papel
Pólen Soft 70 g/m² para Editora Vida.